HEYNE BÜCHER

HEYNE KOCHBÜCHER

Marlis Weber

Natur-Küche

Vollwertkost für Feinschmecker
300 Rezepte ohne Fleisch

WILHELM HEYNE VERLAG
MÜNCHEN

3. Auflage

Titel der Originalausgabe: »Naturküche gesund und lecker«

Umschlagfoto: Sigi Bumm, Studioh!, München
Innenfotos: Studio Gerlach
Umschlaggestaltung: Atelier Ingrid Schütz, München
Printed in Germany 1988
Satz: Schaber, Wels
Bildteildruck: RMO, München
Druck und Bindung: Ebner Ulm

ISBN 3-453-40427-0

INHALT

Abkürzungen

l	= Liter	KH	= Kohlenhydrate
kg	= Kilogramm	Kal.	= Kalorie
g	= Gramm	BE	= Broteinheit
ccm	= Kubikzentimeter	EL	= Eßlöffel
ml	= Milliliter	TL	= Teelöffel
dl	= Deziliter	gestr.	= gestrichen
E	= Eiweiß	P.	= Päckchen
F	= Fett		

Ärztliches Vorwort

Ernährung ist heute für jedermann Problem und Aufgabe. Es sollte Bürgerpflicht sein, sich richtig und zeitgemäß zu ernähren. Denn wer diese Aufgabe versäumt, muß unter heutigen Lebensbedingungen damit rechnen, gesundheitlich Schaden zu leiden oder eine der so verbreiteten ernährungsabhängigen Krankheiten zu bekommen. Zumindest werden »Ernährungsmuffel« zu jenen zählen, die die Nase nicht ganz vorn haben, weil sie anfälliger sind und volle körperliche Leistungsfähigkeit nicht ausspielen können.

Noch im vergangenen Jahrhundert war es möglich, sich einigermaßen unbekümmert zu ernähren. Einmal mußten zu jener Zeit die meisten Menschen noch mit den Muskeln arbeiten und »verbrannten« dabei entsprechend viel Nahrungsenergie. Andererseits gab es noch nicht das große Angebot überaus vieler verfeinerter Nahrungsmittel. Die meisten Lebensmittel waren noch naturbelassen.

Heutzutage ist die Möglichkeit, bei sitzender Beschäftigung, wenig Freizeitbewegung, verführerischem Nahrungsmittelangebot und vielerlei Gelegenheit zu Essen und Trinken übergewichtig zu werden, enorm groß. In der Bundesrepublik Deutschland wiegen zur Zeit nach dem Ergebnis der »Hessen-Studie« des Bundesgesundheitsamtes etwa die Hälfte erwachsener Männer und Frauen 15 % über der Norm, was automatisch ein erhebliches gesundheitliches Risiko mit sich bringt. Oft genug stellt Übergewicht Weichen zu Stoffwechselstörungen und ernährungsabhängigen Krankheiten — am häufigsten zu Störungen des Zuckerstoffwechsels, Diabetes, Harnstoffwechselstörungen, Gicht, Fettstoffwechselstörungen, arteriosklerotischen Blutgefäßschäden (z. B. Herzkranzgefäßleiden, Herzinfarkt), Bluthochdruck, Fettleber und Steinerkrankungen.

Verführerische Werbung, die den Verbraucher mit größter Raffinesse zu überflüssigem Konsum und zum Verzehr auch geradezu ungesunder Nahrungs- oder Genußmittel bringt, macht es noch schwerer, sich in Sachen Ernährung richtig zu verhalten, und macht es verständlich, daß so viele diesbezügliche Fehler begehen.
Aber richtige und zeitgemäße Ernährung ist erlernbar — genauso wie Lesen, Schreiben, Nähen oder Autofahren. Man muß es nur wollen und entschlossen sein, nicht mehr zeitgemäße Ernährungsgewohnheiten aufzugeben. In Urteil und Verhalten ist sofort unabhängiger, wer Ernährungswissen besitzt und es anzuwenden versteht. Fortschritte der Ernährungswissenschaft haben dazu geführt, daß wir heute mehr über die im menschlichen Organismus ablaufenden biochemischen Vorgänge wissen. So ist beispielsweise erkannt worden, daß bei verhältnismäßig geringem Energiebedarf nach jeder zuckerreichen Mahlzeit oder süßen Nascherei Zucker und Insulinhormon in das Blut einschießen und eine Stoffwechselsituation ergeben, die zur Umwandlung von Zucker in Fett und zur Ablagerung von Fett in den Fettzellen der Fettgewebe führt. Gewiß sind daher viele unserer Zeitgenossen nur deshalb zu dick, weil sie bei vorhandenem Bewegungsmangel und relativ geringem Energieverbrauch immer wieder zu viel rasch verfügbare »süße Kohlenhydrate« essen.

»Nicht zu viel, nicht zu süß und nicht zu fett«

ist bereits die wichtigste Regel zeitgemäßer Ernährung. Man kann sie leicht merken und es ist nicht einmal schwer, sich einigermaßen danach zu richten. Und Feinschmecker brauchen keinesfalls zu fürchten, daß dadurch Essensfreude oder Essensgenuß geringer würden.
Von großer Bedeutung ist es, aus dem großen Angebot an Nahrungsmitteln jene bevorzugt zu wählen, die möglichst naturbelassene Eigenschaften besitzen und möglichst viele lebensnotwendige Nährstoffe enthalten. Für unsere Ernährung hat ein Lebensmittel einen um so höheren »Gesundheitswert«, je mehr es aufgrund seines Gehaltes an naturge-

gebenen Vitaminen, Mineral- und Ballaststoffen dazu beiträgt, unsere Gesundheit zu erhalten.
Am wenigsten können uns unter heutigen Lebensbedingungen jene Nahrungsmittel nutzen, die konzentriert Energie enthalten, doch an Vitaminen, Mineralstoffen, Spurenelementen, essentiellen Eiweißbausteinen, essentieller Linolsäure oder anderen biologisch aktiven Substanzen nichts oder kaum etwas mitbringen. Dazu gehören in erster Linie Raffinadezucker, Stärkemehl, Feinmehl, Feinmehlbackwaren und vollraffinierte Speisefette. Wer solche »entwerteten« Nahrungsmittel in größerer Menge zu sich nimmt, stopft sich gewissermaßen mit Kalorien voll, ohne jene Nährstoffe ausreichend zuzuführen, die die »lebendige Struktur« und die Funktionen des Körpers erhalten. Man kann an vollen Tischen »unterernährt« sein, wenn gesundheitsschützende Lebensmittel fehlen.
Den größten Schutzeffekt besitzen zweifellos Rohgemüse, Rohobst, Gerichte aus Vollkornschrot, Vollkornflocken, Naturreis oder Hirse, Vollkornbrote, Frischmilch, Quark und naturbelassene, an Fettbegleitstoffen reiche Pflanzenöle. In besonderem Maße ist das Getreidekorn eine »natürliche und mit zahlreichen lebenswichtigen Nährstoffen vollgepackte Konserve«. Man kann daher nichts Besseres tun, als täglich Frischkornbrei, gekochten Schrotbrei oder Getreideflockengerichte, speziell zur Frühstücksmahlzeit, zu sich zu nehmen. Dabei kommt auch der Verzehr von Ballaststoffen nicht zu kurz, von denen bekanntgeworden ist, daß sie für den Darm und seine Funktion überaus wichtig sind.
Am schwierigsten ist zu lernen, wie die Nährstoffe Eiweiß, Fett und Kohlenhydrate so ausgewogen zugeführt werden, daß ein günstiger Einfluß auf den biochemischen Körperbetrieb ausgeübt wird und Stoffwechselstörungen oder Übergewicht auch bei Bewegungsmangel und geringem Energiebedarf verhütet werden. Nicht zu viele Kohlenhydrate, nicht zu viel Fett und etwas akzentuiert Eiweiß ist dabei das Ziel. Wer jedoch dies gut in den Griff bekommen will, muß die Zusammensetzung unserer Nahrungsmittel kennen und darüber Bescheid wissen, wie viele Kalorien oder Joule und wieviel Kohlenhydrate, Eiweiß oder Fett sie jeweils enthalten.

Aber dieses Buch hat nicht den Ehrgeiz, eine vollständige Ernährungslehre zu liefern. Bewußt begnügt es sich mit der Absicht, durch zahlreiche praxisbezogene, vernünftige Hinweise, küchentechnische Informationen und gute Rezeptvorschläge dazu beizutragen, die Ernährung in ihrer ernährungsphysiologischen Qualität zu verbessern.
Die Autorin möchte zu einer möglichst einfachen »Naturkost« führen, in der fast ausschließlich naturbelassene Lebensmittel verwendet werden und die Speisenzubereitung wertgebende Inhaltsstoffe so weit wie möglich erhält. Auch will sie eine Nahrung vorstellen, deren Eiweiß nicht aus Fleisch, sondern aus Milch, Quark, Käse, Ei und Vegetabilien stammt — womit sie für eine fortschrittliche ovolactovegetabile Ernährung plädiert.
Als Arzt und Ernährungsphysiologe habe ich Interesse daran, daß das Konzept eines »Ernährungsratgebers« mit unserem heutigen Ernährungswissen in guter Übereinstimmung steht. Allzu viele Veröffentlichungen sind auf dem Büchermarkt, die einseitige oder extreme Ernährungsgrundsätze propagieren und hiermit in der Bevölkerung nur Verwirrung schaffen. Die Autorin dieses Buches ist staatlich geprüfte Diätassistentin, Dozentin der Reformhaus-Fach-Akademie und hat lange Jahre mit mir zusammengearbeitet. Aus ihren Ausführungen geht hervor, wie groß das Maß ihrer praktischen Erfahrungen und Kenntnisse ist und wie sehr sie es versteht, diese in gut verständlicher Form an den Leser heranzutragen.

Dr. med. Helmut Anemueller
Wissenschaftliches Archiv für Ernährung und Diätetik
Bernau am Chiemsee

Natürlich essen — ein Vergnügen

Gesundes, natürliches Essen ist sehr wichtig, aber »die Zubereitung ist sehr aufwendig«, »es ist nur für reiche Leute möglich«, »es ist zu schwer, die Grundregeln dafür zu lernen«, »es schmeckt nicht«.
Dies sind oft sehr schwer abzubauende Vorurteile von Menschen, die sich mit diesem Thema niemals beschäftigt haben. Ich sehe aber auch, wie schnell andere zu begeistern sind, wenn man solches Essen in Kursen, bei Vorträgen oder Buffets erst einmal erklärt und auch demonstriert.
Dies sind auch Gründe für den Titel dieses Buches.
Es soll helfen, Vorurteile abzubauen und beweisen, daß ein gesundes Essen mit natürlichen Nahrungsmitteln weder zeitaufwendig noch teuer sein muß. Daß es nicht schwierig ist, die Grundregeln dafür zu kennen, und daß es darüber hinaus ausgezeichnet schmecken kann.
Auf Fleisch- und Fischrezepturen wurde bewußt verzichtet, weil vor allem der Fleischverzehr in unserem Lande im Durchschnitt viel zu hoch ist. Dadurch werden dem Körper zu viel Fett, Cholesterin, Purine, aber auch Umweltschadstoffe zugeführt.
Es soll gezeigt werden, daß eine ovolactovegetabile Kost mit Eiern, Milch und Milchprodukten, Getreide und Vollgetreideprodukten, Obst, Gemüse, Nüssen, Samen, hochwertigen Pflanzenölen und Fetten sehr abwechslungsreich, vielseitig und vollwertig sein kann.
Wichtig ist, daß weniger verfeinerte, ernährungsphysiologisch minderwertige Produkte und mehr Nahrungsmittel mit hohem »Gesundheitswert« verzehrt werden.
Diese, für die Gesundheit zuträglichen Nahrungsmittel zeichnen sich aus durch einen hohen Gehalt an lebensnotwendigen Stoffen, durch einen niedrigeren Gehalt an Schad-

stoffen, durch eine gute Bekömmlichkeit und durch den Grad der Naturbelassenheit.

Warum »richtige vollwertige« Ernährung?

Eigentlich ist es ein schlimmer Zustand, daß in unseren Ländern auf der einen Seite ein Zuviel an Nahrung zu beklagen ist (ca. 40 % Übergewichtige) und auf der anderen Seite ausgeprägte Mangelerscheinungen festzustellen sind.
Studiert man den Ernährungsbericht der Deutschen Gesellschaft für Ernährung, kommt man nicht darum herum, den Ernährungszustand der Bevölkerung als bedenklich anzusehen.

— Durchschnittlich nehmen die Menschen zuviel an Energie auf. Es wird mehr gegessen als verbraucht wird.
— Durchschnittlich wird zu fett gegessen, mehr als 40 % des Gesamtenergieanteils, wobei 30—35 % ausreichen würden.
— Durchschnittlich wird zu süß gegessen. Pro Tag nämlich 100 g isolierter Zucker.
— Durchschnittlich wird zu salzig gegessen und damit doppelt so viel Natrium zugeführt wie nötig.
— Dazu wird durchschnittlich zu viel Alkohol getrunken, ca. 6 % der Gesamtenergiezufuhr.

Dies sind alles Gründe, die an der Entstehung von ernährungsabhängigen Krankheiten, wie beispielsweise *Zahnkaries, Diabetes, Gicht, Herz-Kreislauferkrankungen* und vielem mehr beteiligt sind.
Dazu kommt noch, daß durch falsche Nahrungsmittelauswahl und falsche küchentechnische Verwendung die ausreichende Zufuhr aller essentieller Nährstoffe nicht gesichert ist. Die Deutsche Gesellschaft für Ernährung spricht von »kritischen Nährstoffen« und meint Vitamin B_1, Vitamin B_2, Folsäure, Vitamin B_6, Calzium, bei Frauen Eisen und je nach geographischer Lage Jod.

Nötig ist also eine »richtige und vollwertige Ernährung«. Sie muß den Körper mit allen Stoffen, die er braucht, in richtiger Menge versorgen, und ist somit Voraussetzung für *normales Körpergewicht, Aktivität, Gesundheit* und damit auch *Lebensfreude.*
Um dies richtig zu machen, genügen heute nicht mehr nur Erfahrung und Instinkt. Kenntnisse über Nahrungsmittel und Küchenpraxis sind notwendig.

Die wichtigsten Grundsätze für eine Vollwertkost

1. Die Energiezufuhr soll dem individuellen Bedarf angepaßt sein.
2. Die Grundnährstoffe Kohlenhydrate, Fett und Eiweiß sollen in ausgewogenem Verhältnis zueinander stehen und für die Energiezufuhr einen Anteil von jeweils
   ca. 50—55 % Kohlenhydratkalorien,
   ca. 35 % Fettkalorien und
   ca. 10—15 % Eiweißkalorienanteil aufweisen.
3. Essentielle (lebensnotwendige vom Körper nicht zu bauende) Nährstoffe, wie Vitamine, Mineralstoffe, Spurenelemente, essentielle Fettsäuren und bestimmte Eiweißbausteine, sollen optimal zugeführt werden. Dies ist am besten gesichert, wenn die Ernährung vorwiegend Nahrungsmittel enthält, die ein ausgewogenes Verhältnis zwischen natürlichen essentiellen Nährstoffen und energieliefernden Inhaltsstoffen aufweisen.
4. Möglichst *naturbelassene* Nahrungsmittel (siehe Kapitel »Naturküche«) bieten die beste Gewähr auch für die Zufuhr bisher noch nicht identifizierter Nährstoffe.
5. Die Nahrungsmenge sollte auf 5—6 Mahlzeiten pro Tag verteilt werden.

Wer sich über Vollwerternährung noch ausführlicher informieren möchte, für den bietet die Reformhaus-Fach-Akademie in 6370 Oberursel 4, fünftägige Seminare an. Nähere Auskünfte werden auf Anfrage erteilt.

Einfache Grundregeln für die Naturküche

— Frühstücken Sie in Ruhe und ausgiebig und immer mit einem Müsli oder Brei aus Vollkornschrot, Keimen oder Flocken, oder mit Quark und Obst oder Vollkornbrot mit Quark, magerem Käse, Ei oder vegetarischen Pasten. Trinken Sie dazu Kräutertee, Milch oder Obstsaft.

— Kleine Zwischenmahlzeiten sind wichtig — es genügen meistens Frucht- oder Gemüsesäfte, Milchmixgetränke, Sauermilchprodukte, Molke oder Quark, Magerkäse mit Knäckebrot, Vollkorngebäck oder einfach nur frisches Obst oder Gemüse.

— Hauptmahlzeiten sollten immer Frischkostsalate oder rohes Obst enthalten. Als Eiweißträger eignen sich Magerquark, Käse oder Soja. Fette Nahrungsmittel und fette Rezepturen sollen gemieden werden.

— Für Salate sollten Sie nur hochwertige kaltgepreßte Pflanzenöle verwenden. Als Aufstrich und Kochfett nur frische Butter oder ungehärtete Pflanzenmargarinen.

— Zucker sollten Sie so sparsam wie möglich verwenden und eher meiden. Statt dessen bieten sich kleine Mengen an natürlichen Süßungsmitteln, wie Honig, Birnen- und Apfelkonzentrat, Dattelmark, Ahornsirup oder Trockenfrüchte an.

— Weißmehl mit niedriger Typenzahl sollten Sie austauschen gegen frisch vermahlene Vollkornmehle oder Mehl mit höherer Typenzahl.

— Frische Kräuter und Gewürze sollten Sie häufig, Kochsalz dagegen selten verwenden.

— Chemisch konservierte und künstlich veränderte Nahrungsmittel, so gut es möglich ist, meiden.

— Beim Einkauf sollten Sie auf die Herkunft der Nahrungsmittel achten. Zu bevorzugen sind Produkte aus ökologisch ausgerichtetem Anbau.

— Als Getränke sollten Tees, Milch, Obst- und Gemüsesäfte und Mineralwasser zur Verfügung stehen.

— Bei der Zubereitung sollten Sie nach folgenden Grundsätzen handeln: *So frisch, so einfach und so perfekt wie möglich.*

Inhaltsstoffe unserer Nahrungsmittel

Eiweiß — der für das Leben unersetzliche Stoff

Eiweiß ist der eigentliche Träger des Lebens. Die Zellen, ebenso das Blut, brauchen Eiweiß und zahlreiche Wirkstoffe, mit denen wichtige Stoffwechselvorgänge reguliert werden. Aus diesem Grunde besitzt Eiweiß als Baustoff eine absolute Sonderstellung, während es als Energielieferant von Fett und Kohlenhydraten vertreten werden kann. Der Körper besteht zu etwa 20 % aus Eiweiß. Dieser Bestandteil verbraucht sich ständig und muß deshalb immer wieder erneuert werden, und da er Eiweiß nicht speichern kann, muß es jeden Tag neu durch die Nahrung zugeführt werden.

Verbrauchtes und abgebautes Eiweiß wird vorwiegend über Niere und Harn ausgeschieden. Auf diesem Wege verlassen täglich 30—40 g Eiweißabbauprodukte den Körper. Diese Menge muß dem Körper *mindestens* wieder zugeführt werden. Nur dann ist die Bilanz ausgeglichen — der Körper kann seinen Eiweißbestand halten. Maßgebliche Organisationen (Weltgesundheitsorganisation, Deutsche Gesellschaft für Ernährung) empfehlen eine wünschenswerte Zufuhr von 0,9—1 g pro kg Körpergewicht. Das ergibt für einen Menschen mit 70 kg Körpergewicht 65—70 g pro Tag. Säuglinge und Kleinkinder brauchen im Verhältnis sehr viel mehr, aber auch Jugendliche, Schwangere, stillende Mütter und alte Menschen benötigen Eiweißzulagen.

In den Zeiten des Wachstums muß sehr viel Eiweiß gebildet werden, außerdem wird es rascher umgesetzt. Für den alten Menschen liegt die Empfehlung ebenfalls höher, der Verschleiß ist größer, der Abbau geht schneller, es muß daher

mehr ersetzt werden. Außerdem wirkt Eiweiß beim älteren Menschen leistungssteigernd und erhöht die körperliche Abwehrbereitschaft.
Aber auch für den erwachsenen, unter Bewegungsmangel leidenden und hauptsächlich geistigen Arbeiter sollte man etwas mehr Eiweiß anbieten. Fett und vor allem Kohlenhydrate können dadurch gespart werden. Denn sie sind mit verantwortlich für das Übergewicht von 40 % aller Bundesbürger. Bei einem Kalorienbedarf von 2000—2500 würde der Eiweißanteil dann ca. 80—90 g pro Tag ausmachen.
Eiweiß setzt sich aus etwa 20 kleinen Bausteinen zusammen. Einige von ihnen kann der Körper selbst aufbauen (nichtessentielle Aminosäuren). Die übrigen müssen ihm täglich in ausreichender Menge zugeführt werden (essentielle Aminosäuren). Nicht jedes Eiweiß hat die gleiche Wertigkeit. Es kommt ganz auf die Zusammensetzung der Aminosäuren an.
In der Regel sind die tierischen Eiweißdaten dem körpereigenen Eiweiß ähnlicher und haben deshalb für den Menschen eine größere Bedeutung. Man weiß aber heute, daß auch durch gezielte Kombination zweier pflanzlicher Eiweißarten die Wertigkeit von tierischem Eiweiß erreicht werden kann. Eine ganz besonders hohe Wertigkeit wird durch Mischungen von Ei-Eiweiß und Kartoffel-Eiweiß erreicht. Diese liegt sogar über dem Wert des Hühner-Eiweiß, das bisher als das wertvollste Eiweiß galt. Wir finden in jedem eiweißhaltigen Nahrungsmittel, beispielsweise in Milch, Käse, Ei, Fleisch oder Brot, verschiedene Eiweißarten. Alle haben eine unterschiedliche Eiweißbaustein-Zusammensetzung. Dem einen Eiweiß fehlen vielleicht gerade die Bausteine, die in einem anderen reichlich vorhanden sind. Somit kommt es bei richtiger Kombination der Bausteine zu einer vorzüglichen Ergänzung und Wertsteigerung.
In unserem Körper wird Eiweiß nur dann richtig aufgebaut, wenn der Leber aus dem Darm alle Aufbausteine gemeinsam zufließen. Deshalb ist es wichtig, innerhalb der Mahlzeiten eiweißhaltige Nahrungsmittel miteinander zu kombinieren; das geschieht, wenn Brot und Milch, Quark und Kartoffeln oder Soja und Ei gemeinsam gegessen werden.

Fett — der größte Kalorienträger

Im Laufe der Jahre ist unsere Ernährung immer fettreicher geworden. In den vergangenen 90 Jahren ist der Fettverzehr sogar von 15 % der Gesamtkalorien auf heute 40—45 % gestiegen. Der tägliche Pro-Kopf-Verbrauch in der Bundesrepublik Deutschland liegt bei 140 g Fett.
Man weiß heute, daß unsere übliche Ernährung mit *zuviel Fett und nicht dem richtigen Fett* ursächlich am bestehenden Übergewicht, vielen Stoffwechselerkrankungen und dem gefürchteten Herzinfarkt beteiligt ist.
Ebenso wie Eiweiß setzt sich auch Fett aus einzelnen Bausteinen zusammen. Vom Körper müssen sie bei der Verdauung zerlegt werden wie alle Nährstoffe. Sie bestehen aus einer Verbindung von Glyzerin und drei Fettsäuren. Die Fettsäuren können allerdings sehr verschieden sein. Eingeteilt werden sie in *gesättigte — ungesättigte — und hoch- oder mehrfach ungesättigte Fettsäuren* (auch Polyensäuren genannt). In der *Pflanze* findet man Fett hauptsächlich in Samen und Fruchtfleisch. *Tierische Fette* findet man hauptsächlich im Unterhautfettgewebe als Rücken- und Bauchspeck, in und um die Organe verteilt, außerdem in der Milch als Milchfett und im Eigelb.
Der hohe Fettverzehr der Bevölkerung stammt überwiegend aus Nahrungsmitteln mit versteckten Fetten. Mit Nahrungsmitteln, deren Fettgehalt zu erkennen ist, z.B. Öl, Butter, Margarine oder Speck geht man in der Regel schon sparsam um. Gefährlich sind die Fette, die man zunächst weder sieht noch ahnt, beispielsweise in fettem Fleisch, Wurst, fettem Käse, Schokoladen, Süßigkeiten, Sahneerzeugnissen, Kuchen, Torten usw.
Bei einem Kalorientagesbedarf von 2000—2500 liegen die Empfehlungen für die Fettzufuhr bei 40 g pro Tag — gegenüber dem tatsächlichen Verbrauch von ca. 70—80 g pro Tag. Für den einzelnen bedeutet dies: bewußter essen und überlegter seine Nahrungsauswahl treffen!
Fett ist aber nicht nur Energielieferant und ein Problem der Quantität, sondern auch — und hier stellt sich die Frage nach der Qualität — Träger essentieller Nährstoffe.

Unser Körper, der sonst so erstaunlich viel zu leisten vermag, kann diese Stoffe nicht selbst bilden. Sie müssen ihm deshalb mit der Nahrung täglich zugeführt werden. Zu diesen essentiellen Bestandteilen zählen unter anderem die hochungesättigte Linolsäure, die Fettbegleitstoffe Vitamin A, D und E und andere lebensnotwendige Wirkstoffe. Als Fettbegleitstoff bezeichnen wir ebenfalls Cholesterin und Lezithin.
Die Gruppe der *hochungesättigten Fettsäuren* (an der Spitze die Linolsäure) zusammen mit Vitamin E haben eine sehr große Bedeutung für den menschlichen Körper. Sie aktivieren den Fettstoffwechsel, fördern die Verbrennungsprozesse in den Zellen und haben einen Einfluß auf den Cholesterinstoffwechsel.
Im allgemeinen gilt die Regel, daß Fette pflanzlicher Herkunft reich an hochungesättigten Fettsäuren sind. *Cholesterin* als Fettbegleitstoff dagegen finden wir nur in tierischen Nahrungsmitteln.
Die Auswahl der Nahrungsfette und Öle ist aber nicht nur eine Frage der hochungesättigten Fettsäuren, sondern auch der Herstellung bzw. Verarbeitung.

Bei der *Ölgewinnung* unterscheidet man zwischen dem sogenannten *Extraktionsverfahren,* dem *Heißpreßverfahren* und dem *Kaltpreßverfahren.*
Bei *Extraktions- und Heißpreßverfahren* sind die Erträge wesentlich höher, aber das so gewonnene Öl muß einer totalen Raffination (Reinigung) unterzogen werden. Hierbei werden die unerwünschten Lösungsmittel und durch Hitze und Druck angefallene unerwünschte Stoffe entfernt, leider aber auch — und das ist das Entscheidende — ein großer Teil der wertvollen Fettbegleitstoffe, wie fettlösliche Vitamine, Lezithin, natürliche Geruch-, Schleim- und Farbstoffe.
Ein *Kaltpreßöl* muß dieser Raffination nicht unterzogen werden und enthält deshalb alle aufgeführten Fettbegleitstoffe. Aufgrund der sorgfältigen Rohstoffauswahl, die für Kaltpreßöle nötig ist, enthalten die Öle häufig auch mehr hochungesättigte Fettsäuren. Kaltpreßöle sind in reichhaltiger Auswahl im Reformhaus erhältlich.
Auch bei der Margarineauswahl gibt es einiges zu beachten.

Naturmargarine sollte bevorzugt werden, denn sie ist frei von chemisch gehärtetem Fettanteil, frei von Cholesterin und sie ist ohne Kochsalzzufuhr hergestellt und enthält einen Kaltpreßölzusatz von 15 %.
Die folgende Tabelle zeigt prozentual die unterschiedlichen Zusammensetzungen unserer Nahrungsfette:

	gesättigte Fettsäuren	ungesättigte Fettsäuren	hochungesättigte Fettsäuren
Sonnenblumenöl	7	27	60
Leinöl	10	18	70
Distelöl	10	15	75
Maiskeimöl	17	32	50—60
Reformpflanzenmargarine	33	22	45
normale Tafelmargarine	vorwiegend		5—10
Kokosfett	18	80	2—5
Butter	37	30	2—5
Schmalz	41	45	8

Kohlenhydrate — Hauptbestandteil unserer Ernährung

Der Kohlenhydratanteil in unserer Ernährung ging in den letzten Jahren von 76 % auf ca. 50 % zurück. Im Rahmen dieses Rückgangs (weniger Kartoffel- und Getreideverzehr) stieg jedoch ständig der Verzehr von Zucker. Dies ist ungünstig, weil Zucker ein isoliertes, raffiniertes und konzentriertes Kohlenhydrat ist und keinerlei für den Körper notwendige Stoffe enthält. Ärzte und Ernährungswissenschaftler warnen

eindringlich davor, weil Zucker außerdem an der Entstehung von ernährungsabhängigen Krankheiten beteiligt ist.
In einer richtigen, vollwertigen Ernährung sollen die Kohlenhydrate einen Anteil von etwa 50—55% der Gesamtenergiezufuhr ausmachen. Dies entspricht einer Menge von durchschnittlich 350 Gramm pro Tag. Dabei sollten sie in Form von Obst, Trockenobst, Gemüse, Kartoffeln, Vollgetreideprodukten und natürlichen Süßigkeiten aufgenommen werden.

Was verstehen wir unter Kohlenhydraten?

Unter dem Begriff Kohlenhydrate wird eine Vielzahl von organischen Verbindungen zusammengefaßt.
Produziert werden Kohlenhydrate von Pflanzen unter Einwirkung des Sonnenlichtes. So sind sie auch in Pflanzen reichlich vorhanden.
Man teilt die Kohlenhydrate ein in: Einfachzucker, Zweifachzucker und Mehrfachzucker.

Einfachzucker: Traubenzucker und Fruchtzucker kommen in Früchten und Honig vor. In reiner und konzentrierter Form werden sie zum Süßen von Speisen und Getränken benutzt. Schleimzucker ist Bestandteil des Milchzuckers, kommt isoliert nicht in den Handel. Einfachzucker können direkt und ohne weitere Verdauungsarbeit vom Darm ins Blut aufgenommen werden. Der Blutzuckerspiegel steigt sehr rasch an.

Zweifachzucker: Rohr- und Rübenzucker ist in reiner und konzentrierter Form unser gebräuchlichster Küchenzucker. Er setzt sich aus Trauben- und Fruchtzucker zusammen.
Milchzucker ist das Kohlenhydrat der Milch. Viele Menschen vergessen dies und nehmen an, daß Milch ein reiner Eiweißträger ist.
Malzzucker befindet sich in Bier und Keimen der Gerste. Malzextrakt können wir auch in konzentrierter Form zu uns nehmen.

Mehrfachzucker: Kartoffeln, Brot, Mehl, Reis, Gemüse sind die Nahrungsmittel, in denen Mehrfachzucker vorhanden ist,

u. a. in Form von Stärke, Zellulose oder Pektin. In der Leber finden wir Mehrfachzucker in Form von Glykogen.
Nimmt man die Kohlenhydrate in dieser Form zu sich, müssen die Mehrfachzucker im Verdauungsapparat in ihre Einzelbausteine zerlegt werden. Kohlenhydrate sind die wichtigsten Energieträger. Sie liefern zwar weniger Kalorien als das Fett (1 g Fett = 9,3 Kalorien, 1 g KH = 4,1 Kalorien), doch mengenmäßig haben sie eine größere Bedeutung. Führt man mehr Kohlenhydrate zu, als der Körper verbraucht, so werden die Kohlenhydrate in Fett umgewandelt und als Fettdepot angelagert.

Einzelne Zuckerarten und ihre Besonderheiten

Traubenzucker kommt natürlich in Früchten, Fruchterzeugnissen und Honig vor. Er geht nach dem Verzehr sofort ins Blut und verursacht einen raschen Anstieg des Traubenzucker-Blutspiegels. Bei Muskelarbeit ist dies von Vorteil, weil der Traubenzucker als energieliefemdes Material in den Muskeln zur Verfügung steht und auch schnell verbrannt wird.
Sportler, die vor Wettkämpfen den Traubenzucker oft in isolierter Form zu sich nehmen, sollten wissen, daß Traubenzucker im natürlichen Verband (Trockenfrüchte, Nußschnitten und natürliche Süßungsmittel wie Honig, Fruchtkonzentrat u. v. a.) unbedingt den Vorzug verdient.
Dies ist noch wichtiger bei der Ernährung von Kleinkindern und Schulkindern. In jedem Falle müssen Früchte, Trockenfrüchte, Säfte und natürliche Süßungsmittel bevorzugt werden. Neben Traubenzucker enthalten diese Nahrungsmittel eine Fülle von lebensnotwendigen Nährstoffen, der isolierte Traubenzucker dagegen *null.*
Dazu kommt noch, daß ein rascher Blutzuckeranstieg nachteilig sein kann. Das ist der Fall, wenn bei bewegungsarmer Tätigkeit ein geringer Energiebedarf besteht. Es muß schnell und viel Insulin produziert werden, um den Traubenzucker aus dem Blut in die Zellen zu schleusen und diesen in Fett umzuwandeln. Der Fettansatz wird also gefördert. Hinzu kommt, daß es bei starker Insulinausschüttung leicht zur Un-

terzuckerung kommen kann und dies macht wieder neuen Hunger.

Normaler Küchenzucker = Saccharose setzt sich als Zweifachzucker aus Traubenzucker und Fruchtzucker zusammen. Die Süßkraft liegt etwas höher als bei Traubenzucker und etwas niedriger als bei Fruchtzucker.
Dieser Zucker stellt isoliert sicher eines der größten Ernährungsprobleme dar (der durchschnittliche Zuckerverzehr wird auf ca. 100 g/pro Tag geschätzt). Er ist relativ preisgünstig, in vielen Produkten in versteckter Form enthalten und geschmacklich gut.
Dem gegenüber steht, daß er ebenso wie Traubenzucker und Fruchtzucker keine essentiellen Nährstoffe enthält, dem Körper nur leere Energie liefert und dadurch den Platz für andere wertvolle Nahrungsmittel versperrt. Dazu kommt, daß er Vitamin- und Mineralstoffmangel fördert und an der Entstehung von bestimmten Erkrankungen beteiligt ist.
Es muß deshalb immer wieder sehr dringlich darauf hingewiesen werden, den Zuckerverzehr drastisch einzuschränken.
Vielleicht sollte man auch versuchen, den Geschmack etwas wegzubringen vom »Süßen« und dann, wo es geschmacklich paßt, natürliche Süßungsmittel wie Honig, Apfel-, Birnensaftkonzentrate, Rübensirup, Melasse und Ahornsirup verwenden.

Milchzucker dagegen süßt kaum und ist deshalb als Süßmittel nicht geeignet. Sein Vorteil liegt darin, daß er im Darm zu Milchsäure umgewandelt wird und hierdurch das Wachstum nützlicher Darmbakterien fördert. Darüber hinaus macht eine Milchsäureanreicherung innerhalb des Darmes schädlichen Bakterien das Leben schwer. So wird Milchzucker zur diätetischen Beeinflussung der Darmbakterien benutzt. Er spielt ebenfalls eine Rolle in der Säuglings- und Kleinkinderernährung. Hier wird er verwendet, um Verstopfungen, an denen Kinder häufig leiden, zu beeinflussen.

Ballaststoffe

Die Bezeichnung Ballaststoffe wurde gewählt, weil man ursprünglich annahm, daß diese Stoffe keine wesentliche Bedeutung hätten. Heute hat sich diese Anschauung geändert und die Wissenschaftler haben mehr und mehr eine wesentliche Funktion der Ballaststoffe erkannt.
Ballaststoffe sind unverdaulich, das heißt, sie laufen nur durch den Darm hindurch und werden nicht in das Blut aufgenommen. Sie geben keine Nährstoffe ab und machen aus diesem Grunde nicht dick.
Innerhalb des Darmes erfüllen sie jedoch eine außerordentlich wichtige Funktion. Sie nehmen Wasser auf und können sich um das 5fache ihres Volumens vergrößern. Dies bewirkt eine Aufquellung, der Darminhalt wird vermehrt und übt einen Reiz auf die Darmmuskulatur aus. Die Peristaltik wird angeregt und die Verdauung gefördert.
Auch Schleimstoffe, die bei der Darmpassage von den Ballaststoffen abgegeben werden, haben eine günstige Wirkung. Sie überziehen die empfindlichen Darmschleimhäute mit einem Schutzfilm und machen den Darminhalt gleitfähig. Interessant sind die Feststellungen des englischen Ernährungswissenschaftlers Prof. Denis Burkitt, daß die Passagezeit des Darminhaltes bei ballaststoffreicher Nahrung abgekürzt ist. Europäer, die sich vorwiegend von schlackenarmen Weißmehlbackwaren ernähren, haben gegenüber Afrikanern, die eine schlackenreiche Nahrung zu sich nehmen, eine wesentlich längere Darmpassagezeit. Je länger jedoch die Darmschleimhäute mit einem sich zersetzenden Stuhl in Berührung sind, desto bedrohlicher ist die Gefahr ihrer Entzündung.

Die lebenswichtigen Vitamine, Mineralstoffe und Spurenelemente

Den Grundstock unserer Ernährung bilden die Nährstoffe Eiweiß, Fett und Kohlenhydrate. Von diesen Stoffen allein jedoch kann der Mensch nicht leben. Sie müssen durch Vit-

amine, Mineralstoffe und Spurenelemente ergänzt werden. Diese liefern zwar keine Energie, sind aber maßgeblich am Energiestoffwechsel beteiligt.
Vitamine, Mineralstoffe und Spurenelemente sind *essentielle Nährstoffe,* das heißt, der Körper kann sie selbst nicht herstellen, und da sie lebensnotwendig sind, müssen sie jeden Tag in bestimmter Menge zugeführt werden. Erst dann ist ein ordnungsgemäßer Stoffwechselablauf garantiert.

Vitamine

Vitamine sind Wirkstoffe, von denen der Organismus nur sehr kleine Mengen benötigt, manchmal nur Bruchteile eines Milligramms. Sie halten bestimmte Strukturen und Funktionen des Körpers aufrecht und sind deshalb unentbehrlich.
Verschiedene Vitamine können im Darm, doch nur mit Hilfe von Bakterien, gebildet werden. Ob diese Eigensynthese für die Vitaminversorgung des Menschen eine Rolle spielt, ist nicht sicher.
Jedes Vitamin hat seine speziellen Aufgaben. Da die Vitamine jedoch überall am Stoffwechselgeschehen teilnehmen, sind scharfe Abgrenzungen nicht möglich. Sie können sich gegenseitig nicht ersetzen.
Man teilt die Vitamine in zwei Gruppen ein, die fett- und wasserlöslichen Vitamine.

Fettlösliche Vitamine: Vitamin A, D, E, K.

Wasserlösliche Vitamine: Vitamin B_1, B_2, Niacin, B_6, Pantothensäure, Inosit, Cholin, Folsäure, B_{12} und Vitamin C.

Vorkommen von Vitaminen

Vitamin A: Leber, Fischöl, Milch, Eier, mit Vitaminen angereicherte Margarine.
Carotin (Provitamin A):* Gemüse und Früchte.
Vitamin D: Fischöl, Leber, Eigelb, Milch und Milchprodukte.
Vitamin E: Pflanzenöle (Weizenkeimöl), Blattgemüse, Leber, Eier, Milch und Milchprodukte.

---

*) Provitamin ist die Vorstufe eines Vitamins.

Vitamin K: Leber, Gemüse.
Vitamin B_1: Vollgetreide, Weizenkeime, Leber, Hefe, Schweinefleisch, Gemüse, Milch, Kartoffeln, Sojabohnen, Nüsse.
Vitamin B_2: Hefe- und Hefeerzeugnisse, Milch- und Milchprodukte, Weizenkeime, Vollgetreide, Fleisch, Gemüse, Kartoffeln.
Vitamin B_6: Vollgetreide, Sojamehl, Hefe, Leber, Kartoffeln, Gemüse.
Niacin: Vollgetreide, Leber, Hefe.
Folsäure: Vollgetreide, Hefe, Leber, Gemüse.
Pantothensäure: Vollgetreide, Leber, Gemüse, Eier.
Vitamin B_{12}: Milch und Milchprodukte, Leber.
Vitamin C: Früchte (z. B. Sanddorn, Cerola-Kirsche, schwarze Johannisbeere, Hagebutte), Gemüse (z. B. Paprika, Sauerkraut und Kartoffeln).

Zur unzureichenden Vitaminzufuhr kommt es:
Durch einseitige Ernährung.
Durch Bevorzugung von Nahrungsmitteln wie Weißbrot, Weißmehl, Vollkonserven, Zucker usw.
Durch Zerstörung der Vitamine bei unsachgemäßem Lagern vor der Zubereitung in der Küche.
Evtl. durch krankhafte Resorptionsstörungen.

Vitamine sind sehr empfindlich!

Vitamine sind hoch empfindlich: gegen Licht, Sauerstoff, Säuren, Hitze und Wasser. Alles Faktoren, denen die Nahrungsmittel bis zum Verzehr mehr oder weniger ausgesetzt sind.
Mit den üblichen Verarbeitungsgewohnheiten gehen beispielsweise bei Vitamin B_1 20 % und bei Vitamin C 50 % verloren. Es ist deshalb nicht nur die Auswahl der Nahrungsmittel, sondern die Weiterverarbeitung in der Küche von größter Bedeutung (vgl. Seite 28 ff.)

Mineralstoffe und Spurenelemente

Neben den Vitaminen sind Mineralstoffe und Spurenelemente wichtige Ergänzungsstoffe der Nahrung. Sie tragen dazu bei, organische Strukturen aufzubauen. Sie sorgen für die richtige Verteilung des Wassers und für das osmotische Gleichgewicht in unserem Körper. Auch sind Mineralstoffe oder Spurenelemente Bestandteile von Enzymen, die in die Regulation des Stoffwechsels maßgeblich eingreifen. Der menschliche Körper besteht zu ca. 4—5 % aus Mineralstoffen und Spurenelementen. Je nach Größe des Anteils unterscheidet man:

Mengenelemente: Natrium, Kalium, Magnesium, Calcium, Phosphor, Chlorid

Spurenelemente: Chrom, Eisen, Fluor, Jod, Kobalt, Kupfer, Mangan, Silicium, Zink

Vorkommen von Mineralstoffen

Natrium: Fleisch, Fleischbrühe, Kochsalz, kochsalzreiche Produkte.
Kalium: Früchte, Gemüse, Trockenobst, Kartoffeln, Vollreis.
Magnesium: Grüne Gemüse, Früchte, Kartoffeln, Weizenkeime.
Calcium: Milch und Milchprodukte, Gemüse, Früchte.
Phosphor: Milch, Milchprodukte, Kartoffeln, Vollgetreide, Fleisch.
Chlorid: Fleischbrühe, Kochsalz, kochsalzreiche Produkte.
Eisen: Fleisch, Innereien, Vollgetreide, Obst und Gemüse, Kartoffeln.
Jod: Seefische, Innereien, Eier. Der Jodgehalt von pflanzlichen Nahrungsmitteln hängt vom Jodgehalt des Bodens ab.
Fluor: Schwarzer Tee, Seefische.

Die meisten Mineralstoffe und Spurenelemente werden in wünschenswerter Menge zugeführt.
Mangelhaft erscheint jedoch meistens die Versorgung mit Eisen und Calcium.
Überreichlich ist bei den meisten Menschen dagegen die

Zufuhr an Natrium und Chlorid durch Kochsalzgenuß. Eine erhöhte Kochsalzzufuhr kann Wassereinlagerungen im Gewebe zur Folge haben, die den Kreislauf enorm belasten. Deshalb sollten wir in der Küche wenig Kochsalz und mehr Gewürze verwenden.
Kalium dagegen bewirkt eine Ausschwemmung der Flüssigkeit im Gewebe. Aus diesem Grunde sind kaliumreiche Nahrungsmittel bevorzugt bei Ödembildung (Wasseransammlungen) in die Nahrung einzubauen.

Eine *ausreichende Vitamin- und Mineralstoffzufuhr* ist nur dann gewährleistet, wenn möglichst viele naturbelassene wertvolle Grundnahrungsmittel wie Milch und Milchprodukte, Vollgetreide und Vollgetreideerzeugnisse, Obst und Gemüse, und kaltgepreßte Pflanzenöle in den Speiseplan aufgenommen werden.
Unterstützend wirken sogenannte Nahrungsergänzungsmittel wie Hefeprodukte, Weizenkeime, Kleie und natürliche Fruchtkonzentrate.

Richtig einkaufen – richtig aufbewahren

Der Wert eines Nahrungsmittels richtet sich danach, inwieweit es im Rahmen der Gesamternährung dazu beitragen kann, Gesundheit zu erhalten.
Dazu ist erforderlich, daß wir Nahrungsmittel bevorzugen, die einen hohen Gehalt an essentiellen Nährstoffen (ess. Aminosäuren, ess. Fettsäuren, Vitamine, Mineralstoffe) und einen möglichst geringen Gehalt an Schadstoffen aufweisen. Dazu müssen sie von guter hygienischer Beschaffenheit, gut auszunutzen und gut bekömmlich sein.
Dazu tragen bei: eine gute sorgfältige Rohstoffauswahl, ökologisch sinnvolle Anbaumethoden, gesunde Tierhaltung, hoher Grad an Naturbelassenheit durch schonende Verarbeitung und richtige Lagerung.
Wenn der Produzent all dies berücksichtigt und die Ware dann analysieren läßt, so beziehen sich die Werte von Eiweiß, Fett, Kohlenhydraten, Vitaminen, Mineralstoffen, Spurenelementen und Ballaststoffen auf die frischen, noch nicht im Haushalt verarbeiteten Produkte.
Aber — nicht nur was gekauft, sondern in welchem Zustand es gegessen wird, bestimmt den Wert der Nahrung.
Oft wird vergessen, daß gerade die gesunderhaltenden Bestandteile unserer Nahrungsmittel besonders empfindlich gegen Licht, Sauerstoff, Hitze und Wasser sein können. Es kann durch unsachgemäßen Umgang in der Küche zu großen Verlusten kommen, und ehemals wertvolle Nahrungsmittel werden dann stark entwertet.

Gemüse und Obst

Schon beim Einkauf sollte auf die Frische der Nahrungsmittel geachtet werden. Obst, Gemüse und Küchenkräuter können nur sehr kurzfristig aufbewahrt werden, schon nach 24 Stunden tritt beispielsweise beim Spinat ein Vitamin-C-Verlust von ca. 20 % ein. Gute Aufbewahrungsorte sind das Gemüsefach des Kühlschrankes oder ein dunkler, kühler, luftiger Raum.
Blattgemüse kann zusätzlich noch in Alufolie oder Spezialschüsseln luftdicht verpackt werden.
Küchenkräuter halten sich am besten, wenn sie in einem Wasserglas im Kühlschrank oder ebenfalls luftdicht verpackt aufbewahrt werden.
Durch Wasser können wichtige wasserlösliche Nährstoffe aus den Nahrungsmitteln herausgelöst werden, wie zum Beispiel Vitamin B_1, Vitamin C, viele Mineralien, Spurenelemente und Eiweiß. Deshalb niemals unter fließendem, sondern nur in stehendem kalten Wasser waschen. Obst und Gemüse nicht im Wasser liegen lassen und erst nach dem Waschen zerkleinern. Durch Zerkleinern entsteht mehr Oberfläche, und somit kann Wasser, Luft und Hitze noch besser einwirken und schaden. Bei Salat beispielsweise immer zuerst die Blätter waschen, dann erst zerschneiden oder zerzupfen.
Durch den Sauerstoff der Luft können vor allem die Vitamine A und C zerstört werden. Vitamin A ist zusätzlich sehr lichtempfindlich. Aus diesem Grunde sollten vor allem Gemüse, Salate, Rohkost und Obst erst kurz vor dem Essen zubereitet oder angerichtet werden.
Eine Möhrenrohkost für die Mittagsmahlzeit sollte nicht schon frühmorgens gerieben und ein Orangensaft zum Abendbrot nicht schon am Vormittag gepreßt werden. Nur in Ausnahmefällen, vor allem bei berufstätigen Frauen, wenn sich ein Vorbereiten nicht vermeiden läßt — dabei muß aber auf eine gute Abdichtung geachtet werden. Es gibt dafür spezielle Behälter, Folien und Tüten, die luftdicht verschlossen und im Kühlschrank aufbewahrt werden können.
Auch zu hohe Temperaturen oder zu lang andauernde Hitze führen zu erheblichen Nährwertverlusten. Deshalb muß

nährwertschonend gegart werden, das heißt: *Nicht kochen,* sondern *dämpfen, dünsten, grillen* oder in *Folie* garen, bei richtiger Temperatureinstellung. Zu empfehlen ist der Dampfdrucktopf oder das Garen ohne Fett und Wasser in Spezialtöpfen.
Außerdem bietet der Mikrowellenherd große Vorteile, wenngleich die Diskussion über mögliche Gefahren noch nicht beendet ist.
Die Länge der Kochzeit und Warmhaltezeit beeinflußt sehr den Vitamingehalt. Läßt sich eine frühzeitige Vorbereitung mancher Mahlzeiten nicht umgehen, ist es besser, die Speisen nach der Zubereitung rasch abzukühlen und erst bei Bedarf schnell wieder aufzuwärmen.

Grundregeln für die Behandlung von Gemüse und Obst

— Möglichst direkt vor dem Verzehr vor- oder zubereiten.
— Beim Schälen und Putzen nur das Nötigste entfernen.
— Möglichst kurz waschen, nicht im Wasser stehen lassen.
— Nicht zu stark zerkleinern und dies erst nach dem Waschen.
— Nährstoffschonend garen.
— Richtige Gartemperatur wählen.
— Garzeiten möglichst kurz halten.
— Langes Warmhalten vermeiden.
— Bis zum Wiederaufwärmen die Speisen kühl aufbewahren.

Für eine längere Aufbewahrungszeit eignen sich nur Möhren, Sellerieknollen, rote Bete und Kartoffeln, von den Obstsorten nur Äpfel und Birnen.
Natürlich gehen hierbei auch wichtige Stoffe verloren, doch die Schale bietet einen gewissen natürlichen Schutz. Früher boten diese Sorten die einzige Möglichkeit, auch im Winter Obst und Gemüse zu verzehren.
Bei der Lagerung sollten folgende Bedingungen eingehalten werden:
Der Raum muß kühl, aber nicht zu kalt sein, außerdem luftig, trocken und geruchfrei.

Tiefgefrorenes Gemüse und Obst

Von allen Haltbarmachungsarten bietet das Tiefgefrieren die meisten Vorzüge. Es hat sich innerhalb der letzten Jahre durchgesetzt und man billigt tiefgefrorenen Nahrungsmitteln einen hohen ernährungsphysiologischen Wert zu. Falls die Hausfrau keine guten und garantiert frischen Nahrungsmittel kaufen oder ernten kann, sollte sie auf Tiefkühlkost ausweichen. Die Rohware für Tiefkühlkost muß innerhalb weniger Stunden schonend verarbeitet werden und kommt garantiert frisch vom Feld, falls es sich um Gemüse oder Obst handelt. Dies sollte auch berücksichtigt werden, wenn man selbst tiefgefriert. Die Nahrungsmittel müssen frisch verarbeitet werden, wenn nötig blanchiert (1—3 Minuten in kochendes Wasser getaucht und schnell durch kaltes Wasser wieder abgekühlt werden), richtig verpackt und richtig eingefroren werden. Die Temperaturen müssen zwischen 18 Grad (Lagerung) und 40 Grad (Schockgefrieren) liegen.

Milch und Milcherzeugnisse

Milch und Milchprodukte sind unentbehrliche Bestandteile der Naturküche. Leider kann man Milch aufgrund ihrer kurzen Haltbarkeit nur bedingt in natürlicher Form (direkt vom Bauern — und frisch) trinken.
Milch wird in unterschiedlichen Haltbarmachungsverfahren angeboten. Zu bevorzugen sind:

Vorzugsmilch ist »natürliche« Milch. Sie wird in der Molkerei abgepackt und darf 24 Stunden im Handel sein.

Pasteurisierte Milch ist eine 40 Sekunden lang auf 71 Grad erhitzte Milch. Dadurch wird die Keimzahl reduziert. Sie ist nur einige Tage im Kühlschrank haltbar.

Ultrahocherhitzte Milch ist eine 2—3 Sekunden lang auf 135—150 Grad erhitzte Milch. Die Inhaltsstoffe bleiben durch dieses Kurzzeiterhitzen und sofortige Abkühlen weitgehend erhalten. Die Milch ist bis zu 6 Wochen haltbar.

Milchmischgetränke werden zum Beispiel mit Kakao, Malz, Früchten oder Alkohol angeboten. Dies muß auf der Pakkung angegeben werden. Sie sind meistens sehr stark gesüßt.

Sauermilch wird aus Vollmilch (3,5 % Fett), fettarmer (1,5 bis 1,8 % Fett) oder entrahmter (0,3 % Fett) Milch hergestellt. Die Säuerung erfolgt unter Verwendung von Milchsäurebakterien-Kulturen. Die Sauermilcharten sind entweder flüssigsämig oder stichfest.

Joghurt und Bioghurt: Zur Zubereitung werden spezifische Gärungserreger verwendet, dadurch unterscheidet er sich von anderen gesäuerten Milchprodukten. Er wird stichfest und trinkfähig in verschiedenen Fettstufen hergestellt.

Joghurt mit Früchten enthält Früchte oder Fruchtteile, aber auch Säfte, Sirup, Pasten, Aromen und Stärkeprodukte.

Sanoghurt ist ebenfalls ein Sauermilch-Erzeugnis, allerdings mit vorwiegend rechtsdrehender Milchsäure (L+).
Wir kennen zwei Arten von Milchsäure, die rechtsdrehende (L+) und linksdrehende (D—).
Für den Menschen ist die rechtsdrehende Milchsäure physiologisch wertvoller, denn sie kann vom Organismus im Gegensatz zur linksdrehenden rasch umgesetzt und verstoffwechselt werden. Bei Zufuhr von großer Menge linksdrehender (D—)-Milchsäure kann es zur Anreicherung von Milchsäure im Blut kommen, was sich bei Kindern, bei Gichtkranken und Diabetikern ungünstig auswirkt.
Die Weltgesundheitsorganisation verbietet für Säuglinge in den ersten Monaten linksdrehende Milchsäure.

Milchsäure in verschiedenen Joghurtsorten

	linksdrehende Milchsäure (D—)	rechtsdrehende Milchsäure (L+)
Joghurt	6,73 mg/ml	4,18 mg/ml
Sanoghurt	0,02 mg/ml	5,44 mg/ml
Bioghurt	6,77 mg/ml	5,02 mg/ml

Salat und Suppe aus Wildkräutern ▷
Rezept S. 82—86

Der Geschmack von Sanoghurtprodukten ist zudem etwas milder und wird dadurch besser vertragen.
Sanoghurterzeugnisse gibt es nur in Reformhäusern.

Kefir ist spritzig durch den Kohlensäuregehalt, ansonsten ähnelt er der Sauermilch. Zur Herstellung werden sogenannte Kefirknöllchen verwendet, die u.a. aus Hefepilzen bestehen.

Buttermilch fällt an bei der Butterherstellung. Sie darf nicht mehr als 10 % Fremdwassergehalt und höchstens 15 % Magermilchgehalt aufweisen.
Wenn sie als reine Buttermilch gekennzeichnet ist, dann enthält sie keine Magermilch und kein Fremdwasser.

Molke fällt an bei der Käseherstellung. Sie enthält sehr hochwertiges Eiweiß, Orotsäure und ist reich an Mineralstoffen und Milchvitaminen. Sie ist geschmacksneutral und mit Fruchtzucker im Reformhaus erhältlich.

Quark wird mit Hilfe von Milchsäurebakterien aus Milch hergestellt (auch hier gibt es Produkte mit mehr rechtsdrehender Milchsäure, z.B. Sanoghurt Quark).
Vor allem Magerquark ist ein sehr guter Eiweißspender, der daneben beträchtliche Mengen an Calcium, Phosphor und Vitamin A enthält.
In der Küche läßt er sich sehr vielfältig zubereiten und ist preisgünstig.

Käse ist aus der fleischlosen Küche gar nicht wegzudenken. Er trägt ebenfalls zur Eiweißversorgung bei, was allerdings etwas vom Fettgehalt abhängt. Je fetter der Käse, desto weniger Eiweiß ist enthalten.
Es gibt auch beim Einkauf von Käse einiges zu beachten. So werden beispielsweise alle im Reformhaus angebotenen Käsesorten ohne die sonst verwendeten Käsereihilfsstoffe hergestellt. Dadurch enthalten sie weniger Fremdstoffe. Zudem werden die üblicherweise in die Molke übergehenden wertvollen Eiweißstoffe Globulin und Albumin wieder zugesetzt.

Sahneerzeugnisse: Sahne (Rahm) ist ein Produkt, das durch Entrahmen der Milch gewonnen wird. Man unterscheidet

◁ *Müslimachen — kinderleicht*
Rezept S. 54—58

zwischen Schlagrahm mit einem Fettgehalt von 30 % (besser etwas höher), Sauerrahm, wo der Fettgehalt bei 10 % liegen muß und Crème fraîche, ebenfalls Sauerrahm mit einem Fettgehalt von 30—40 %. In kleinen Mengen (wegen des hohen Energiegehaltes) verwendet, passen diese Produkte gut als Geschmackszutat in die Naturküche.

Aufbewahrung von Milch und Milchprodukten

Milch gehört zu den leicht verderblichen Nahrungsmitteln und muß daher besonders sorgsam behandelt werden.
Sie ist luft-, wärme- und lichtempfindlich, deshalb gilt:
Nicht unnötig lange offen stehen lassen! Vor Wärmeeinfluß schützen.
Nicht unnötig dem Tageslicht oder künstlichem Licht aussetzen!
Milch und Milcherzeugnisse aus frischer Milch *müssen* kühl aufbewahrt werden. H-Milch und Steril-Milch verderben in geöffneter Packung, ohne daß sie säuern. Sie müssen deshalb ebenfalls nach dem Öffnen schnell verbraucht werden.

Getreide und Getreideerzeugnisse

Solange Getreide nicht geschrotet, gemahlen oder gequetscht ist, kann es jahrelang gelagert werden. Bei den aus Getreiden hergestellten Produkten ist die Lagerfähigkeit eingeschränkt.
Weizenkeime sind beispielsweise gegen Sauerstoff so empfindlich, daß sie schon nach einigen Stunden verdorben wären, würde man sie nicht stabilisieren.
Frisch gemahlener *Schrot* sollte nicht mehr als einige Tage gelagert werden.
Flocken und *Fertigmüsli* sind dagegen einige Monate lang unbedenklich haltbar.
Vollkornbrot verdirbt leicht. Die Gefahr des Schimmelbefalls in schwül-warmer Jahreszeit ist groß.
Ganze Brote müssen daher luftig, kühl und trocken gelagert

werden. Weniger anfällig sind die in Spezialfolie verpackten und keimfrei gemachten Schnittbrote.
Bereits verschimmelte oder angeschimmelte Brote sollten auf keinen Fall mehr verzehrt, auch nicht an Tiere verfüttert werden.
Das *Tiefkühlen* von Brot ist für die Vorratshaltung gut geeignet.

Speisefette

Jeder Haushalt sollte über einen Vorrat von Speiseölen und Fetten verfügen.
Die Haltbarkeitsdauer ist allerdings sehr unterschiedlich und begrenzt, da sie empfindlich gegen Wärme, Licht, Sauerstoff und Geruch sind. Bei der Lagerhaltung ist deshalb grundsätzlich zu beachten, daß sie kühl, dunkel abgedeckt oder verpackt aufbewahrt werden.
Wasserhaltige Speisefette wie *Pflanzenmargarine* und *Butter* eignen sich für eine kurzfristige Lagerung, am besten im Kühlschrank.
Plattenfette wie Kokos- oder Palmkernfett sind verpackt und kühl gelagert oft monatelang haltbar.
Speiseöle können, original verschlossen, unter günstigen Bedingungen gelagert, ½—1 Jahr aufbewahrt werden, mit Ausnahme des Leinöls, welches auch in geschlossener Dose nur ca. 12 Wochen haltbar ist. Aus diesem Grund wird Leinöl, aber auch die Ölspezialitäten jetzt in haushaltsfreundlichen Kleindosen angeboten, die garantiert frisch in den Handel (Reformhaus) kommen.
Angebrochene Behältnisse sollten innerhalb von 4—6 Wochen aufgebraucht werden. Leinöl nach 10—12 Tagen.

Wichtige Zutaten für die Naturküche

Agar agar wird aus Meeresalgen hergestellt und hat einen hohen Anteil an Mineralstoffen. Agar Agar wird in der fleischlosen Küche statt Gelatine verwendet, eignet sich zur Marmeladeherstellung.

Ahornsirup wird von Ahornbäumen (Kanada) gewonnen. Enthält Mineralstoffe und Spuren von Vitaminen. Ist sehr apart im Geschmack, paßt gut zu süßen Getreidegerichten.

Apfelsaftkonzentrat wird aus Äpfeln (eingedickter Apfelsaft) hergestellt, paßt gut zu süß-pikanten Gerichten, auch in kleinen Mengen für Salatsaucen.

Birnensaftkonzentrat wird aus Birnen (eingedickter Birnensaft) hergestellt, schmeckt honigartig.

Getreidekörner kauft man am besten, auch wenn die Ware etwas teurer ist, abgepackt. Nur so sind Herkunft und Lieferant zu erkennen und Anbaumethode und Kontrollsystem herauszufinden.

Hefeextrakte: Eingedickter, von der Zellwand befreiter Inhalt der Hefezellen. Gibt es mit und ohne Kochsalzzusatz und mit Kräutern. Gilt als Würzmittel.

Hefeflocken werden durch schnelle schonende Walzentrocknung hergestellt. Entscheidend für den Geschmack sind die verschiedenartigen Nährböden. Die auf Molke, Zucker, Honig und Malz angesetzten Hefen sind mild würzig, die auf Melassebasis angesetzten etwas kräftiger und die auf Biermaische angesetzten sehr kräftig im Geschmack. Hefeflokken werten die Nahrung mit Vitaminen des B-Komplexes, Mineralstoffen und Eiweiß auf.

Sie können über pikante Speisen gestreut oder eingerührt werden.

Hefetrinkbrühe wird hergestellt aus Hefeextrakt, pflanzlichem Fett, Meersalz, Gewürzen, teilweise auch aus Gemüse und Pilzen. Kann in heißem Wasser aufgelöst als Brühe zur Herstellung von Suppen, Soßen und Eintopfgerichten verwendet werden.

Hefewürzen, körnig, in granuliertem Zustand, sind als Würzmittel zu verwenden. Kochsalzgehalt muß beachtet werden.

Hirseflocken werden aus Hirse hergestellt und sind reich an Kieselsäure. Sie sind leicht verdaulich, auch bei Glutenunverträglichkeit einzusetzen und passen zu Müsli, Aufläufen und Suppen.

Honig (Bienenhonig) ist Süßstoff der Natur. Er enthält vorwiegend (ca. 80 %) Zucker und zwar Traubenzucker und Fruchtzucker als Gemisch, daneben Spurenelemente, Spuren von Vitaminen. Als wichtige Stoffgruppe sollte man die sogenannten Inhibine ansehen. Sie hemmen das Wachstum bestimmter schädlicher Bakterien, verlieren aber ihre Aktivität, wenn der Honig über 40 Grad erhitzt wird.

Leinsamen haben einen hohen Anteil an darmfreundlichen Ballaststoffen. Die Quellfähigkeit und Schleimabgabe ist sehr gut und deshalb wird Leinsamen bei vielen Magen- und Darmstörungen eingesetzt: geschrotet bei Schleimhautreizung des Magens und ganz bei Darmträgheit. Besondere Züchtungen von hoher Qualität und Quellvermögen gibt es im Reformhaus.

Molke fällt an bei der Käseherstellung. Sie ist reich an wertvollem Eiweiß, Vitaminen und Mineralstoffen (Kalium). Ist im Reformhaus erhältlich, als Diätkurmolke, Molke natur und Molke mit verschiedenen Geschmackszutaten.

Nußmus wird ohne Fremdzusätze aus Nüssen hergestellt und eignet sich als Brotaufstrich (Kinder), zum Backen, für Salatsaucen und Nachspeisen.

Pflanzenöl, kaltgepreßt, gibt es wie ungehärtete Pflanzenmargarine im Reformhaus. Neben den klassischen Reformhausölen, Sonnenblumen-, Lein-, Weizenkeim- und Olivenöl, gibt es jetzt auch Ölspezialitäten in hervorragender Qualität wie Distelöl, Sesamöl, Sojaöl und Traubenkernöl, siehe auch Seite 18.

Rübensirup ist eingedickter Rübensaft, enthält noch Vitamine und Mineralstoffe, eignet sich gut zum Backen und für Süßspeisen (Pfannkuchen).

Sanoghurt ist ein Sauermilcherzeugnis mit hohem Anteil an rechtsdrehender Milchsäure, im Reformhaus zu kaufen.

Sauerteig kann getrocknet oder flüssig gekauft, aber auch selbst hergestellt werden.

Sojamehl wird gewonnen aus der Sojabohne, kann Suppen, Saucen, Gemüsegerichten, Omeletts, Kuchen usw. zugegeben werden. Gilt bedingt als Eierersatz.

Vegetarische Brotaufstriche werden aus Soja, Getreide, Hefe, Pflanzenfett und Gewürzen hergestellt. Gibt es in verschiedenen Geschmacksrichtungen und verschiedenen Fettstufen.

Tofu ist eine quarkähnliche Masse aus Sojabohnen.

Trockenfrüchte enthalten in konzentrierter Form die wertvollen Stoffe der Früchte. Sie sollten ungeschwefelt verwendet werden.

Vollkornbrösel werden aus Vollkornbrötchen im Mixer selbst hergestellt.

Weizenkeime sind die Keimlinge des Weizenkorns. Werten die Speisen mit Vitaminen des B-Komplexes, Mineralstoffen und Spurenelementen auf. Können über Müslis, Milch und Quarkspeisen gestreut werden.

Weizenkleie fällt an bei der Weißmehlherstellung. Sie enthält zum größten Teil unverdauliche Ballaststoffe, die im Darm aufquellen, die Peristaltik anregen und somit die Transitzeit der Nahrung verkürzen.

Kräuter und Gewürze aus der Natur

Es gehört zur Kochkunst, die Nahrungsmittel so zuzubereiten, daß möglichst wenig Nährstoffe zerstört werden und ihr natürlicher Wohlgeschmack abgerundet und gesteigert wird. Dies setzt neben der richtigen Kochtechnik eine sachkundige Anwendung von Kräutern und Gewürzen voraus. Es gibt keine Patentrezepte, auch keine haargenauen Mengenangaben, doch einen sehr wichtigen Grundsatz:
Kräuter und Gewürze sollen den Eigengeschmack einer Speise erhöhen, ihn aber nicht überdecken und verfälschen. Man muß sich auf etwas Finger- und Zungenspitzengefühl verlassen und auch nicht sofort resignieren, wenn ein Würzversuch einmal mißglückt.

Warum würzen?

Gewürze können nicht nur Geschmack und Geruch einer Speise verbessern, sie liefern zum Teil auch lebenswichtige Vitamine und Mineralstoffe. Sie regen den Stoffwechsel und die Drüsentätigkeit an und machen dadurch ein Essen bekömmlicher und die Verdauungsarbeit leichter. Daneben helfen sie Salz sparen und unterstreichen den »Naturgeschmack« des Essens. Dies sind wichtige Gründe, sich neben Salz und Pfeffer auch noch für andere Gewürze und Gewürzkräuter zu interessieren. Unsere Großmütter haben es gut verstanden, mit ihnen umzugehen, wir dagegen müssen es erst wieder lernen.

Aufbewahrung und Haltbarmachung von Kräutern

Frische Kräuter sollten so schnell wie möglich verbraucht werden. Sie verlieren sonst nicht nur an Geschmack, sondern auch an wertvollen Wirkstoffen. 1—3 Tage können sie im Kühlschrank, entweder im Wasserglas oder in luftdichten Behältern aufbewahrt werden. Größere Mengen sollte man auf alle Fälle *einfrieren.* In kleinen Plastikbeuteln, Joghurtbechern oder in alten Eiswürfelbehältern können sie wunderbar portioniert werden. Man kann sie vorher schneiden.

Das älteste Verfahren, Kräuter haltbar zu machen, ist das *Trocknen,* jedoch eignen sich nicht alle Kräuter dafür, sie verlieren nicht nur Geschmack und Aroma, sondern auch wichtige Inhaltsstoffe. Oft nehmen sie einen unangenehmen Heugeschmack an, wie z.B. Dill, Schnittlauch und Petersilie, während Thymian, Majoran und Basilikum sehr gut ihr typisches Aroma behalten.

Aufbewahrt werden Gewürze und Gewürzkräuter am besten in getrennten, sauberen, vor Licht geschützten, wasser-, dampf- und aromadichten Behältern.

Gemahlene Gewürze verlieren zum Teil sehr schnell an Aroma. Deshalb sollten sie immer nur kurz vor Gebrauch gemahlen werden.

Gewürze von A bis Z

Anis: Der eigenartige Geschmack von Anis ähnelt kaum anderen Gewürzen. Er ist leicht süßlich und dient zum Würzen von Gebäck, deshalb wird Anis auch gerne zur Weihnachtsbäckerei verwendet; außerdem zur Herstellung von Hustenbonbons und Likör. Anissamen ist ganz oder gemahlen im Handel.

Basilikum: Der Geschmack ist süßlich und zugleich pfeffrig, ganz leicht an Majoran erinnernd. Basilikum muß frisch oder getrocknet sehr vorsichtig dosiert Salaten, Gemüsen, Saucen und Tomatengerichten zugesetzt werden. Zur Kräuteressigherstellung eignet sich Basilikum alleine oder gemischt mit anderen Kräutern vorzüglich.

Beifuß: Im Geschmack sehr würzig und leicht bitter. Die Blütenrispen können frisch oder getrocknet verwendet werden (Blätter sind zu bitter). In kleinen Mengen zugesetzt, verfeinert Beifuß den Geschmack von Weißkohl, Wirsingkohl, Gurkensalat und Kräuteressig. Am bekanntesten ist Beifuß als Gewürz für Hammel, Ente, Gans und Schweinebraten.

Bohnenkraut: Der Geschmack von Bohnenkraut ist würzig und leicht brennend. Die Würzkraft von frischen oder getrockneten Blättern ist fast gleich. Bereits kleine Mengen geben den Gerichten einen sehr aromatischen Geschmack. Bohnenkraut wird oft anstatt Pfeffer für Fleischgerichte verwendet, ebenso für Gemüse, Pilze, Kohl und vegetarische Bratlinge. Frische Blätter nicht zur Garnitur verwenden, der Geschmack tritt dann zu stark hervor.

Borretsch: Das Aroma von Borretsch, auch Gurkenkraut genannt, erinnert stark an frische Gurken. Verwendung als Gewürzkraut findet Borretsch zum Gurkensalat, in allen grünen Salaten und vielen vegetarischen Teigmassen.

Curry: Diese Gewürzmischung setzt sich zusammen aus Gewürznelken, Koriander, Kurkuma, Kardamom, Pfeffer, Ingwer, Paprika, Kümmel, Muskat und Zimt. Verwendung zu Vollkorn-, Soja- und Reisgerichten. Diese Gewürzmischung verleiht den Speisen neben einem bestimmten Geschmack auch eine stark gelbliche Färbung.

Dill: Die feingefiederten Dillblätter duften und schmecken würzig und angenehm. Verwenden sollte man nur das frische Kraut.
Dill schmeckt mit Butter oder Quark vermischt vorzüglich zu frischem Brot oder Kartoffeln, zu hellen Soßen, Fisch- oder Kochfleischgerichten und zu Salaten jeder Art. Ausgewachsene Pflanzen mit Blüten oder Fruchtdolden nimmt man zum Einlegen von Gewürzgurken, Kürbis und Gemüsekonserven.

Estragon: Der Geschmack ist milde, trotzdem aromatisch und erinnert leicht an Anis. Estragon wird vorwiegend frisch verwendet, ist aber auch pulverisiert im Handel.
Gemüsebrühen, Fleischbrühen, Ragouts von Soja würzt

man durch Mitkochen eines kleinen Estragonstengels. Für Salate und Saucen verwendet man das Gewürzkraut frisch und kleingehackt, ebenso für Bratlingsmassen. Sehr beliebt ist der Estragon-Essig. Er kann übrigens selbst hergestellt werden und ist ein sehr nettes Geschenk für Freunde der Naturküche.

Ingwer: Der Geruch ist schwach würzig, der Geschmack brennend scharf. Im Handel ist Ingwer getrocknet, kleingestückelt, kandiert oder als ganze Ingwerwurzel erhältlich. Als Gewürz verwendet man Ingwer für Obstspeisen, Mixgetränke, Backwaren, Rohkost und Geflügelgerichte.

Kerbel: Duft und Geschmack sind süßlich aromatisch, leicht an Fenchelkraut erinnernd.
Getrockneter Kerbel hat kaum noch Würzkraft, deshalb sollten nur die frischen Blätter verwendet werden. Am häufigsten wird Kerbel Creme-Suppen zugesetzt, paßt aber ebenso zu Kräuterbutter, Eierspeisen, Remouladensauce und Fischgerichten.

Knoblauch: Der Geruch ist durchdringend und typisch, der Geschmack süßlich scharf. Zum Würzen nimmt man ganze Zehen oder Knoblauchpulver. Auf Grund des hohen Gehaltes an ätherischen Ölen verleihen schon kleinste Spuren dieses Gewürzes den Speisen Wohlgeschmack. Oft genügt es, nur die Schüsseln damit auszureiben.
In der südfranzösischen Küche findet Knoblauch bei fast jedem Gericht Verwendung, bei uns in Saucen, Suppen, Gemüsegerichten, in bestimmten Fleischgerichten sowie in Salami und einigen Brühwürsten.

Kresse: Blätter und Stengel der Pflanze schmecken brennend und erinnern leicht an Rettich. Unterschieden wird zwischen der grobblättrigen Garten- und der feinblättrigen Brunnenkresse.
Sie sind beide reich an Mineralstoffen und Vitaminen und sollten deshalb möglichst frisch verwendet werden. Kresse schmeckt sehr delikat zu Butterbrot, als Beigabe zu Ei- und Quarkspeisen und natürlich zu allen Sommersalaten.

Kümmel: Kümmel hat einen sehr vorherrschenden würzigen Eigengeschmack. Zu verwenden sind die Körner ganz oder gemahlen, wobei sich die Würzkraft erhöht. Er gibt Speisen nicht nur ein besseres Aroma, sondern trägt auch zur besseren Verträglichkeit bei und verhindert Blähungen.
Der würzige Geschmack wird geschätzt bei Brot, Brötchen, Quark, Sauermilchkäse, Sülze und bei Kohlgemüsen.

Liebstöckel: (auch »Maggikraut« genannt). Geschmack und Geruch sind *sehr* intensiv. Die Blätter sollte man frisch verwenden, während der Wurzelstock auch getrocknet und gemahlen in Gebrauch ist.
Liebstöckel verleiht Gemüsebrühen und vegetarischen Füllungen oder Bratlingen einen sehr würzigen Geschmack und sollte mitgegart werden. Ebenfalls eignet sich dieses Gewürz (allerdings sparsam in der Verwendung) für Saucen, Gemüsegerichte und Salate.

Lorbeer: Lorbeerblätter haben einen aromatischen Geruch und einen würzigen bitteren Geschmack. Sie enthalten ätherische Öle und Bitterstoffe.
Gute Ware ist dunkelgrün und enthält ganze Blätter, während goldgelbe zerbrochene Blätter minderwertig und überaltert sind.
Für Hefe- und Gemüsebrühen sind Lorbeerblätter eine beliebte Zutat. Ebenfalls für Suppen, Marinaden, Essigkonserven und rote Bete. Sie sollten mitgekocht werden.

Meerrettich: Meerrettich hat einen brennenden, beißenden, scharfen Geschmack und kann nur in geriebenem Zustand Verwendung finden.
Durch Lufteintritt färbt sich der zerkleinerte Meerrettich bräunlich und muß deshalb mit Zitronensaft oder Milch abgedeckt werden. Vorzuziehen ist die ganze Wurzel, die je nach Bedarf gerieben wird, oder der ungeschwefelte Meerrettich (Reformhaus) im Glas oder in der Tube.
Das bekannteste Gericht ist die Meerrettichsauce. Außerdem wird er sehr geschätzt als Beilage in Verbindung mit Apfel und Schlagsahne und natürlich als Geschmacksabwandlung in Salatsaucen.

Majoran: Der Duft ist stark aromatisch, der Geschmack würzig und leicht bitter. Die frischen Blätter schmecken gut auf Butterbrot und in frischem Tomatensalat.
Auf dem Markt findet man überwiegend getrockneten Majoran, welcher seine volle Würzkraft lange behält.
Zum Würzen von Kartoffelgerichten, vegetarischen Bratlingen, Saucen und Hackfleischgerichten ist Majoran sehr beliebt. In Verbindung mit Thymian ein bekanntes Wurstgewürz.

Muskat: Sowohl Muskatnuß als auch -blüte haben einen angenehm würzigen, aber starken Geruch und Geschmack. Die Blüte wird getrennt von der Nuß getrocknet und ist häufig unter der Bezeichnung Mazis als Pulver auf dem Markt. Beides muß sparsam verwendet werden.
Muskatblüte wird feinem Gebäck, Nürnberger Lebkuchen und einigen Fleischwaren zugesetzt. Muskatnuß würzt Reisgerichte, Kartoffelpüree, Gemüsesuppen und manche Kohlsorten.

Nelken: Der Duft ist angenehm und ähnelt der Gartennelke, der Geschmack ist würzig, leicht brennend und hängt vom Gehalt an ätherischem Nelkenöl ab.
Man verwendet die ganzen getrockneten Nelken (in der Form einem Nägelchen ähnlich) zum Würzen von faden Kompotten, aber auch für die Zubereitung von Fruchtsuppen und heißen Getränken wie Glühwein.
Kräftige Marinaden enthalten neben anderen Gewürzen Nelken, ebenfalls süßsauer hergestellte Konserven, wie Kürbis, Gurken usw.

Oregano: Wilder Majoran. Kräftiger im Geschmack. Für Saucen, Gemüsegerichte und Salate »südlicher« Geschmacksrichtung.

Paprika: Wegen seines brennend scharfen Geschmacks wird Paprika auch »Spanischer Pfeffer« genannt. Allerdings unterscheidet er sich stark von dem tropischen Pfefferkorn. Bei Paprikapulver handelt es sich um das getrocknete und pulverisierte Fruchtfleisch und die Samenkörner einer tomaten-

ähnlichen Pflanze. Die Samenkörner bringen die Schärfe in dieses Gewürz, und je nach Anteil handelt es sich um, »Edelsüßen Paprika«, »Rosenpaprika« oder »Scharfen Paprika«. Auch der Reifegrad der Pflanzen hat einen Einfluß auf die Schärfe. Paprika ist sehr vielseitig zu verwenden, z.B. für Quark, Käse und einige Gemüsezubereitungen.
Eine besonders kleine Schote ist unter dem Namen *Chili* bekannt; sie ist noch schärfer als Paprika, wird aber auch als Gemüse verwendet.

Petersilie: Man kennt sie meistens mit den krausen, aber auch mit den etwas aromatischeren glatten Blättern. Man sollte sie aufgrund des hohen Vitamin-C-Gehaltes den Speisen frisch zugeben, gekocht schmecken sie bitter. Petersiliensauce schmeckt zu Fisch- und Fleischgerichten, Petersilienbutter als Brotaufstrich. Ein wichtiges Gewürzkraut für frische Salate und Gemüsezubereitungen. Sie verträgt sich gut mit Dill, Kerbel, Schnittlauch und Melisse und ist auch als Tiefkühlware zu haben.

Pfeffer: Schwarzer Pfeffer wird aus den noch grünen, unreifen Bohnen gewonnen.
Bei weißem Pfeffer läßt man die Früchte reif werden. Sie unterliegen einem Fermentationsprozeß, und übrig bleibt das harte Korn. Pfefferkörner sind sehr lange haltbar. Gemahlener Pfeffer ist stark würzig, sehr scharf und wirkt bei fetten Speisen verdauungsfördernd.
Marinaden, Saucen, Brühen, Fleisch und Fischgerichte, Fleischteige, vegetarische Füllungen und Salate werden mit gemahlenem Pfeffer gewürzt.

Rosmarin: Die Blätter duften stark aromatisch und werden während der Blütezeit geerntet und später getrocknet.
Klassisches Gewürz für Pilze und einige Kartoffelgerichte. In der französischen Küche verwendet man Rosmarin zu Tomatengerichten, Saucen und Salaten.

Safran: Safran verwendet man hauptsächlich zum Färben von Butter, Teig und Backwaren. Zum Würzen hauptsächlich für Bouillons und Reisgerichte.

Salbei: Die Blätter besitzen einen sehr aromatischen Geruch und schmecken würzig-bitter. Sie lassen sich leicht trocknen und pulverisieren. Der Verwendungsbereich ist groß, wenn man vorsichtig dosiert: Für Eier, Fleisch- und Fischspeisen, ebenso als Beigabe zu Gewürzmischungen. Frischer Salbei schmeckt auch in Bierteig getaucht und im Fett schwimmend ausgebacken.

Sauerampfer: enthält viel Vitamin C und reichlich Eisen und wirkt blutreinigend. Schmeckt unter grünen Salat, Quark und in Kräutersaucen gemischt.

Sellerie: Der Geruch von frischen Blättern und der Wurzel ist stark aromatisch, der Geschmack süßlich würzig. Die Knolle eignet sich besonders für Rohkost und Salatzubereitungen. Sellerieblätter, fein gewiegt, können frisch oder getrocknet verwendet werden.
Rohkostsalate, Quarkspeisen und Suppen erhalten durch Zugabe von kleinen Mengen einen aromatischen Geschmack.

Senfkörner: Unterschieden wird zwischen weißlich-gelben und schwarz-braunen Senfkörnern.
Die Körner des weißen Senfs bilden ein besonders aromatisches und scharfes Gewürz, das beim Einlegen von Kürbis, Gurken, Fischen sowie für bestimmte Gemüsesorten verwendet wird. Senfkörner wirken sich sehr günstig gegen Darmträgheit aus.
Tafelsenf oder Mostrich wird aus weißen und schwarzen Senfkörnern mit anderen Gewürzen als geschmacklicher Ergänzung hergestellt und ist sehr beliebt als Beigabe zu Wurst- und Fleischgerichten, ebenso als Geschmacksvariante für Salatsaucen.

Thymian: Die ätherischen Öle verleihen der Pflanze einen sehr aromatischen Geruch und Geschmack. Deshalb muß Thymian stets sparsam verwendet werden. Neben Majoran ist Thymian sehr beliebt in der französischen und italienischen Küche.
Geflügelspeisen, Pasteten und Saucen erhalten durch kleine Mengen dieses Gewürzes einen feinen Geschmack.

Vanille: Vanille ist ein mildes, feines und sehr beliebtes Gewürz mit besonderem Wohlgeschmack. Nach ihrer länglichen, schmalen Form wird sie im Handel als Vanilleschote oder Vanillestange bezeichnet.
Die nicht völlig reifen Früchte werden mittels Feuchtigkeit fermentiert. Sie verfärben sich dadurch dunkelbraun und entwickeln erst dann ihr volles Aroma.
Vanille dient zum Würzen von süßen Milch- und Sahnespeisen, Eis, Früchten, Schokoladen und Gebäcken.

Zimt: Man unterscheidet zwischen Zimtstangen und gemahlenem Zimt. Der Geschmack ist kräftig und typisch. Flüssigkeiten werden durch Zusatz und Mitkochen von Stangenzimt gewürzt, während gemahlener Zimt als Backzutat und zum Würzen von Obst, Kompott und Süßspeisen verwendet wird.

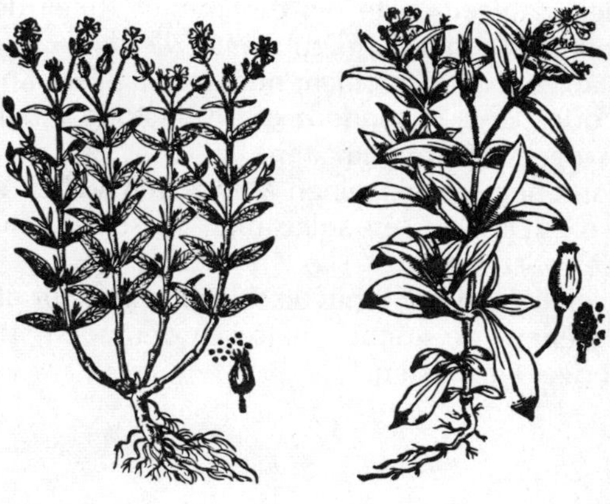

Vollwertige Menüs – richtig zusammengestellt

Die Zusammenstellung einer Mahlzeit ist sehr stark vom persönlichen Geschmack abhängig. Manche Menschen essen Honig und Käse, andere Nudeln und Sauerkraut und wieder andere Suppen und Kuchen — und das schmeckt ihnen!
Das Wichtigste ist sicherlich, daß für eine Mahlzeit *wertvolle Nahrungsmittel* verwendet, diese richtig und *schonend zubereitet* werden, das hergestellte Essen, *gut bekömmlich* ist und daß dies dann alles hervorragend *schmeckt.*

Einige Tips nebenbei

— In jeder Mahlzeit sollte ein bestimmter Anteil der Nahrungsmittel in roher Form zubereitet werden.
— Die Mahlzeiten sollten nicht nur einseitig Fett, Kohlenhydrate oder Eiweiß, sondern die Nährstoffe möglichst in ausgewogener Form enthalten.
— Die Portionen der einzelnen Mahlzeiten sollten nicht zu groß sein. Das Dessert sollte man besser als Zwischenmahlzeit verzehren.
— Die nachfolgenden Menüvorschläge sollen nur als Anregung dienen, sie können natürlich verändert, reduziert oder erweitert werden.

Menüvorschläge für 30 Tage ohne Fleisch

1. Tag
Möhrenrohkost
Florentiner Eier
Hirsotto
1 Banane

2. Tag
Kopfsalat
Rote-Bete-Gemüse
Käseauflauf
Kartoffelpüree
1 Becher Sanoghurt

3. Tag
Sauerampfersuppe
Eisbergsalat
Gefüllte Kohlrabi
Dattelquark mit Zimt

4. Tag
Chicoréesalat
Maisschnitten pikant
Sojagoulasch
Orangensaft

5. Tag
Gazpacho
gebackene Selleriescheiben
Kartoffelpüree
Erdbeerquarkspeise

6. Tag
1 Glas Buttermilch
Tomatensalat
Buchweizenauflauf
Bratapfel mit Hagebuttenmus

7. Tag
Fenchel-Rohkost
Gurken-Gemüse
Risotto
Käse-Omelette
Dickmilch mit Beeren

8. Tag
Pikanter Quarkbecher
Dampfnudeln mit eingeweichtem Trockenobst
Frisches Obst

9. Tag
Bunter Endiviensalat
Möhrengemüse
Grünkernbratlinge
Zitronenquarkspeise

10. Tag
Salatplatte
Sesamwaffeln mit Vanillesauce
Kompott

11. Tag
Leichte Gemüsesuppe
Spinatsalat
Sojaklöße in Tomatensauce
Hirsotto

12. Tag
1 Glas Gemüsesaft
Sauerkrautauflauf
Pfirsich mit Quarkcreme

13. Tag
Paprikasalat
Graupen-Möhren-Eintopf
Birnen mit Mandelsplittern

14. Tag
Meerrettich-Toast
Ratatouille
Naturreis
Gepfefferte Erdbeeren

15. Tag
Möhren-Rohkost
Bircher-Benner-Kartoffeln
Frankfurter Grüne Soße
Bananen in Folie

16. Tag

Salatplatte
Spinatomelett
Apfelauflauf

17. Tag

Buchweizensuppe
Kartoffelpuffer
Apfelmus
1 Glas Buttermilch

18. Tag

Kopfsalat mit Oliven
Pizza
Vanillequarkspeise

19. Tag

Zwiebelsuppe
Tomaten mit Spinatfüllung
Buchweizenbeilage
Weintrauben

20. Tag

Gemüsesaft
Kohlrouladen mit Sojafülle
Kartoffelpüree
Apfelschaum

21. Tag

Endiviensalat
Nudelpfanne mit Zucchini und Käse
Tomatensauce
1 Becher Sanoghurt

22. Tag

Kartoffelsuppe
Weizenschrotklößchen mit Heidelbeeren
Honig-Flan

23. Tag

Gemüsesuppe
Palatschinken mit Quarkfülle

24. Tag

Zwiebel-Apfelsalat
Butterkohlrabi
Pellkartoffeln
Rührei
Frisches Obst

25. Tag

Gurkensalat
Chicorée gratiniert
Grilltomaten
Naturreis
Apfelsinenquark

26. Tag

Sellerierohkost
Spinatkuchen
Haselnußquark

27. Tag

Kräuterquark
Linseneintopf
Apfelsinensalat

28. Tag

Hefe-Trinkbrühe
Blumenkohl überbacken
Kartoffeln in Folie mit Petersilienbutter
Obstsalat

29. Tag

Salatplatte
Möhrenküchle
Bechamelkartoffeln
1 Becher Sanoghurt mit Sanddorn

30. Tag

Blaubeergrütze
Gefüllte Auberginen
Tomatensalat
Zitronenquarkspeise

Seitenhinweise für die Rezepte siehe Verzeichnis »Rezepte von A bis Z« am Ende des Buches.

Mengen, Maße und Gewichte

Für jeden Haushalt sind eine Küchenwaage und ein Meßbecher sehr wichtig, doch nicht für alle Gerichte werden sie benötigt. Manchmal sind einfach die Mengen zu klein, dann geht das Abmessen mit einem Teelöffel, Eßlöffel, Messerspitze, ja sogar mit Gläsern, Bechern oder Tassen schneller und bequemer.

Grammangaben für Lebensmittel

1 mittelgroßer Apfel	= ca. 100 g
1 kleine Kartoffel	= ca. 60 g
1 Scheibe Brot	= ca. 35 g
1 dünne Scheibe Brot	= ca. 25 g
1 Ei	= ca. 60 g
1 Eigelb	= ca. 20 g
1 Eiweiß	= ca. 40 g
1 EL Honig	= 10 g
1 EL geriebener Käse	= 20 g
1 EL Mayonnaise	= 10 g
1 EL Quark	= 20 g
1 EL Speisestärke	= 3—5 g
1 EL Fruchtkonzentrat	= 10 g
1 Päckchen Backpulver	= 18 g
1 TL Backpulver	= 5 g
1 Würfel Hefe	= 40 g
1 EL Haferflocken, Leinsaat, Weizenkleie usw.	= 10—20 g
1 Becher Joghurt/Sanoghurt	= 150 g
1 Becher Joghurtzubereitung	= 125 g
1 kleine Dose Gemüse- oder Obsteinwaage	= ca. 240 g

1 große Dose dto.	=	ca. 500 g
½ Camembert	=	62,5 g
1 Ecke Schmelzkäse	=	62,5 g

1 mittelgroßes Glas faßt etwa: 200 ml Flüssigkeit.
1 normale Tasse faßt etwa: 100 g Mehl, 120 g Zucker, 150 g Reis oder Hirse.

Mengenbedarf pro Person und Mahlzeit

Salat (Blattsalate)	50 g
Gemüse als Beilage (je nach Gemüsesorte)	150—180 g
Spargel als Hauptgericht	250 g
Kartoffeln als Beilage	150 g
Kartoffeln als Hauptgericht	200 g
Reis, Hirse und andere Getreidesorten als Beilage	50 g
Reis, Hirse und andere Getreidesorten als Hauptgericht	70 g
Vollkorn-Nudeln als Beilage	60 g
Nudeln als Hauptgericht	100 g
Soja-Naßkonserven	80—100 g
Suppe als Vorspeise	250 ml
Sauce	100 ml
Obst als Dessert	150 g
Quark als Dessert	80 g

Frühstück — die wichtigste Mahlzeit des Tages

Ein gutes Frühstück hält Leib und Seele zusammen, heißt es im Volksmund. Daran ist, wie so oft, viel Wahres.
Das Frühstück sollte der gute Auftakt eines neuen Tages sein — ganz gleich ob Arbeits- oder Feiertag — und ist ganz sicher keine beliebige Nebensächlichkeit. Aus Zeitmangel, Bequemlichkeit oder sonstigen Gründen ist bei vielen Menschen das Frühstück — wenn es nicht ganz entfällt — lieblos und mangelhaft zusammengestellt. Schlechte Laune schon am frühen Morgen, auch Magenbeschwerden haben hier oft ihre Ursache. Kinder haben aus dem gleichen Grund häufig Schwierigkeiten in der Schule und reagieren mit Konzentrationsschwäche und Nervosität. Mit Ungeduld erwarten sie die erste Pause und kaufen sich dann Süßigkeiten und süße Getränke.
Um dem Körper die notwendigen Nährstoffe wie Eiweiß, Vitamine, Mineralstoffe und Ballaststoffe zuzuführen, muß gerade das Frühstück vollwertig sein.
Es sollte Vollkorn, Milch, Ost oder evtl. Gemüse in möglichst natürlicher Form enthalten und dennoch abwechslungsreich und sehr appetitlich sein.

— Außer Kaffee gibt es köstliche Teesorten, vor allem auch wertvolle Kräutertees.
— Obstsäfte stehen in reicher Auswahl zur Verfügung.
— Milch in allen Variationen bringt schon am frühen Morgen wertvolles Eiweiß.
— Wenn kein frischgepreßter Obstsaft als Getränk gegeben wird, sollte frisches Obst zumindest nicht fehlen, eventuell als Beigabe zum Müsli. Überhaupt das *Müsli* — so wie es die Schweizer kennen — oder ein *Getreidebrei,*

wie beispielsweise der englische Porridge, sollte bei keinem Frühstück fehlen.

— Deutschland ist das Land mit der größten Brotauswahl, davon sollte man Gebrauch machen, aber darauf achten, daß man immer Vollkornbrot auf dem Tisch hat.
— Auch Frühstücksmuffel bekommen Appetit, wenn z. B. am Sonntag ein selbstgebackener Vollkornhefezopf auf dem schön gedeckten Tisch steht, Vollkornwaffeln oder Vollkornpfannkuchen serviert werden und dazu vielleicht eine Schale mit frischen Früchten.
— Abwechslung ist wichtig, auch beim Brotbelag: Käse, Quark, Rohkost, Kräuter, hausgemachte Marmelade, Honig, Sirup. Man sollte immer die Wahl zwischen süß und pikant haben.

Einfaches Flocken-Müsli

(Abb. Seite 33)

1 Portion · E 14 g, F 12 g, KH 44 g, Kal. 345, Joule 1449

150 g Sanoghurt 3,5 % F
10 g Leinsaat
30 g grobe Haferflocken (3 EL)
100 g Apfel
5 g Honig (1 TL)
etwas Zitronensaft

Joghurt in eine Schüssel geben und kurz durchrühren, Leinsaat und Flocken unterrühren. Den Apfel mit der Schale hineinreiben und mit Honig und Zitronensaft abschmecken.

Kleie-Müsli

1 Portion · E 10 g, F 6 g, KH 47 g, Kal. 370, Joule 1209

150 g Sauermilch 3,5 % F
20 g Weizenkleie (2—3 EL)
5 g Weizenkeime (1 TL)
50 g Trockenobst
etwas Zitronensaft

Sauermilch in eine Schüssel geben, kurz durchrühren. Weizenkleie und Keime unterrühren und das geschnittene, zuvor eingeweichte, Trockenobst zugeben. Mit Zitronensaft abschmecken.

Apfel-Bananen-Müsli

1 Portion · E 15 g, F 15 g, KH 53 g, Kal. 439, Joule 1843

100 g Sauermilch
1 TL Honig
1 Apfel
½ Banane
3 EL Haferflocken, grob
10 g Nüsse
1 EL Leinsaat
Saft von ½ Zitrone

Sauermilch mit Honig glattrühren, Apfel hineinraffeln, Banane hineinschneiden. Die Haferflocken, die Nüsse und Leinsaat dazugeben, vorsichtig unterheben und mit Zitronensaft abschmecken.

Weizenschrot-Müsli

1 Portion · E 9 g, F 3 g, KH 50 g, Kal. 252, Joule 1058

30 g Weizenschrot (3 EL)
6—8 EL Wasser
125 g Kefir (¼ Becher)
150 g Obst nach Jahreszeit
5 g Honig (1 TL)

Weizenschrot über Nacht in Wasser einweichen. Am Morgen mit Kefir vermischen, dann das geschnittene oder geriebene Obst hineingeben. Mit Honig und Zitronensaft abschmecken.

Quark-Obst-Müsli

1 Portion · E 23 g, F 9 g, KH 20 g, Kal. 266, Joule 1118

100 g Quark 20 % F
50 g Milch (3—4 EL)
5 g Kleie (1 TL)
20 g geriebene Nüsse
5 g Honig
100 g Ananas oder anderes Obst

Quark mit Milch glattrühren. Kleie und Nüsse zugeben und mit Honig abschmecken. Die in Würfel geschnittene Ananas untermischen.

Hirseflöckli-Müsli

1 Portion · E 13 g, F 13 g, KH 45 g, Kal. 370, Joule 1554

150 g Sanoghurt oder Dickmilch
100 g gemahlene Haselnüsse
100 g Obst nach Jahreszeit
5 g Honig (1 TL)
etwas Zitronensaft
30 g Hirseflöckli (4—5 EL)

Sauermilch in eine Schüssel geben und kurz durchrühren. Gemahlene Nüsse und das geschnittene oder geriebene Obst hinzugeben. Mit Honig und Zitronensaft abschmecken. Erst zum Schluß die Hirseflöckli, weil sie leicht matschig werden, unterheben.

Porridge mit Pflaumen

1 Portion · E 9 g, F 8 g, KH 57 g, Kal. 338, Joule 1419

¼ l Wasser
40 g grobe Haferflocken
1 Prise Salz
1 Prise Zucker
50 g Pflaumen, getrocknet (ca. 5 Stück)
50 ml flüssige Sahne 30 % F

Wasser zum Kochen bringen und die Haferflocken einrühren. So lange quellen lassen (ca. 20 Min.), bis ein dicker Brei entsteht. Die eingeweichten Pflaumen zugeben und mit Salz und Zucker abschmecken. In eine Suppentasse geben und bei Tisch die Sahne darübergießen.

Buchweizengrütze

4 Portionen · E 1 g, F 0,5 g, KH 40 g, Kal. 675, Joule 2700

1 l Milch (oder ½ l Milch, ½ l Wasser)
180—200 g Buchweizengrütze
1 Prise Salz
2 EL Honig

Die Milch zum Kochen bringen, Buchweizen hineinstreuen, aufkochen und ca. 30—40 Minuten ausquellen lassen. Mit Salz und Honig abschmecken. Evtl. mit Früchten servieren. Die Grütze kann auch statt mit Honig mit frischen Kräutern gewürzt werden.

Hirsebrei mit Trockenaprikosen

1 Portion · E 7 g, F 4 g, KH 56 g, Kal. 286, Joule 1201

40—50 g Hirse ungemahlen
150 g Wasser
2 EL Sahne 10 %
1 Prise Salz
5 g Honig (1 TL)
50 g Trockenaprikosen (einige Stunden eingeweicht)

Die gewaschene Hirse in das kalte Wasser einstreuen und aufkochen lassen. Ca. 10 Min. leise köcheln lassen, die Sahne zugeben und mit Salz und Honig abschmecken.

Frischkäse mit Apfel

1 Portion · E 21 g, F 7 g, KH 15 g, Kal. 222, Joule 932

150 g körniger Frischkäse
etwas Milch
100 g Apfel
10 g Zwieback

Den körnigen Frischkäse mit wenig Milch verrühren und mit geriebenem Apfel vermischen. Dazu 1—2 Zwiebackscheiben.

Käse-Quark-Mischung

1 Portion · E 28 g, F 8 g, KH 23 g, Kal. 297, Joule 1247

100 g Magerquark
½ Tasse Milch (ca. 6 EL)
30 g Roquefort oder Gorgonzola
1 Prise Salz
2 Scheiben Knäckebrot

Magerquark mit der Milch glattrühren, den zerdrückten Käse zugeben und mit Salz abschmecken. Dazu 2 Scheiben Knäkkebrot.

Warum nicht eine kleine Zwischenmahlzeit?

Die kleine Zwischenmahlzeit soll Energie bringen, fit machen, aber nicht beschweren oder gar unnötige Pfunde fördern. Sie muß vor allem — wenn im Büro oder Betrieb verzehrt — schnell zuzubereiten sein, nicht riechen, kleckern oder schmieren und auch gut zu transportieren sein.
Es bieten sich natürlich belegte Brote und Brötchen an. Warum aber nicht auch beispielsweise mal ein Fertigmüsli, mit Milch oder Sauermilch übergossen? Das geht auch schnell und läßt sich gut aufbewahren. Quarkspeisen kann man gut vorbereiten, ebenfalls Obst- oder Gemüsesalate oder wertvolle Getränke.
Allerdings muß auf die »Verpackung« geachtet werden, denn die kleinen Mahlzeiten sollten auch noch am Arbeitsplatz appetitlich aussehen. Am besten eignen sich Glas-, Porzellan- und Kunststoffgefäße mit Schraub- oder Vakuumdeckeln oder bunte Picknickdosen. Besonders praktisch sind doppelstöckige Kühlbehälter.
Für Brot sind gut Alufolien oder Klarsichtfolien zu verwenden.

Beispiele für Zwischenmahlzeiten zu Hause und am Arbeitsplatz

1 Portion · E 7 g, F 0 g, KH 17 g, Kal. 100, Joule 420

1 Becher Sauermilch (mager),
mit 1 EL Fruchtkonzentrat verquirlt
(Heidelbeeren, Mango oder Preiselbeeren).

1 Portion · E 19 g, F 0 g, KH 17 g, Kal. 160, Joule 672

100 g Magerquark, mit Kräutersalz verrührt,
2 Scheiben Knäckebrot.

1 Portion · E 5 g, F 2 g, KH 34 g, Kal. 170, Joule 714

1 Glas Fruchtsaft, mit 1 EL Weizenkeimen verquirlt,
2 Vollkornzwieback.

1 Portion · E 12 g, F 6 g, KH 27, Kal. 188, Joule 789

1 Becher Kefir, mit 2 EL Fruchtkonzentrat und
1 EL Weizenkeimen vermischt.

Übrigens: Auch rohe Möhren, Gurkenscheiben, Radieschen, Tomaten sowie Äpfel, Pfirsiche, Birnen, Erdbeeren, Bananen oder Orangen eignen sich vorzüglich für eine Zwischenmahlzeit. *Oder* magere Käsesorten, pikante Quarkzubereitungen mit Vollkorn- oder Knäckebrot und verschiedenen Gemüsesäften. Vor allem im Sommer sind Milch- und Quarkmixgetränke (siehe Getränke-Rezepte) sehr beliebt.

Eiersalat

1 Portion · E 17 g, F 17 g, KH 21 g, Kal. 319, Joule 1339

2 hartgekochte Eier
1 Tomate
1 Gewürzgurke

Sauce:
1 EL saure Sahne
Obstessig
Salz, Pfeffer
frische Kräuter

Eier in Scheiben schneiden, ebenso die Tomate und die Gewürzgurke. Alles mit der Soße vermengen. (Bitte die Eier am Abend kochen. Alles andere vorbereiten, aber erst am Morgen anrichten.)

Nudelsalat

1 Portion · E 8 g, F 12 g, KH 48 g, Kal. 335, Joule 1407

50 g Vollkornnudeln
1 EL gekochte Erbsen
1 EL geschnittene Champignons
½ Apfel

Sauce:
1 EL Kaltpreßöl
Obstessig
Pfeffer, Salz
etwas Apfeldicksaft
geschnittener Schnittlauch

Nudeln in Salzwasser garen, mit den Erbsen, den Champignons und dem geschnittenen Apfel vermengen und mit der Sauce übergießen:
Dieser Salat kann am Abend zubereitet werden, muß aber gekühlt aufbewahrt werden.

Für die Kleine Zwischenmahlzeit eignen sich außerdem alle Salate und Kalten Suppen (Seite 89 und 108).

Getränke — süß und pikant, kalt und heiß

Getränke mit Pfiff: Mit Milch, Quark, Früchten, Gemüse, Kräutern und Gewürzen. Alle sind kalorienarm und wertvoll durch Vitamine und Mineralstoffe.

Milchmischgetränke

Das kann man mit Milch und Milchprodukten mixen:

Kakao oder Schokoladenpulver,
Kaffee oder Kaffeepulver,
Fruchtkonzentrate,
Früchte — frisch, tiefgefroren oder konserviert,
Fruchtsäfte, Gemüsesäfte,
Speiseeis und Eiswürfel,
geraspeltes Gemüse,
Eigelb,
Honig, Nüsse und Nußmus,
Liköre, Weinbrand und Rum,
Ahornsirup.

Zitronenmilch

2 Portionen · je E 10 g, F 4 g, KH 20 g, Kal. 142, Joule 582

½ l Milch 1,5 % F
1—2 Zitronen
1 EL Bienenhonig (mild)

Milch, Zitronensaft und Honig sehr schnell miteinander verquirlen. Sofort servieren, da die Zitronenmilch besonders schnell ausflockt.

Himbeermilch

2 Portionen · je E 11 g, F 4 g, KH 21 g, Kal. 160, Joule 640

½ l Milch 1,5 % F
150 g frische oder tiefgefrorene Himbeeren
Saft von ½ Zitrone
1 EL Himbeersirup

Milch mit den Himbeeren, dem Zitronensaft und dem Sirup im Mixbecher verquirlen (evtl. durch ein Haarsieb geben).

Heidelbeermix

2 Portionen · je E 7 g, F 6 g, KH 24 g, Kal. 184, Joule 793

1 Becher Dickmilch 3,5 % F ca. 250 g
etwas Milch
150 g frische oder tiefgefrorene Heidelbeeren
Saft von ½ Zitrone
1 TL Birnensaftkonzentrat

Dickmilch mit den Heidelbeeren, dem Zitronensaft und dem Birnenkonzentrat mixen.

Mango-Cocktail

2 Portionen · je E 10 g, F 4 g, KH 24 g, Kal. 165, Joule 650

½ l Buttermilch
50 g Mangokonzentrat (5—7 EL)
1 Päckchen Vanillezucker
1 Kiwifrucht
1 TL Leinsamengranulat (Siesa)

Buttermilch mit Mangokonzentrat und Vanillezucker verquirlen. In Cocktailgläsern servieren, mit Kiwischeiben belegen und mit Leinsamengranulat überstreuen.

Brombeershake

2 Portionen · je E 10 g, F 9 g, KH 30 g, Kal. 250, Joule 1046

½ l Milch 1,5 % F
100 g Brombeeren
20 g Brombeermarmelade (1 EL)
Saft von 1 Zitrone
10 g Weizenkeime (1 EL)

Milch mit den Brombeeren, Marmelade und Zitronensaft vermischen. Kurz vor dem Servieren mit Weizenkeimen bestreuen.

Erdbeermix

2 Portionen · je E 10 g, F 5 g, KH 19 g, Kal. 140, Joule 588

½ l Milch 1,5 % F
100 g frische oder tiefgefrorene Erdbeeren
1 EL Erdbeermarmelade
Saft einer halben Zitrone

Milch mit Erdbeeren, Marmelade und Zitronensaft mixen.

Sanddornmilch

2 Portionen · je E 10 g, F 4 g, KH 15 g, Kal. 132, Joule 554

½ l Milch oder Buttermilch
2—4 EL Sanddorn, gesüßt
etwas Zitronensaft

Alles gut miteinander vermischen.

Nuß-Fruchtmilch

2 Portionen · je E 6 g, F 4 g, KH 15 g, Kal. 125, Joule 525

10 g Nußmus (1 EL)
200 ml Johannisbeersaft
200 ml Milch 1,5 % F
evtl. etwas Honig

Nußmus mit dem Saft glattrühren, die Milch schnell hinzugeben und sofort servieren.

Heiße Wintergetränke ohne Alkohol

Eiergrog mit Sanddorn

4 Portionen · je E 4 g, F 12 g, KH 26 g, Kal. 195, Joule 780

6—8 Eigelb
3 EL Honig
2 P. Vanillezucker
1 l schwarzer Tee
5—10 EL Sanddornsaft

Eigelb mit Zucker, Vanillezucker und etwas kalter Flüssigkeit kräftig verrühren. Den nicht zu heißen Tee und Sanddornsaft zugeben und alles zusammen im Wasserbad schlagen, bis der Punsch »aufsteigt«, dann in Gläser füllen.

Grog aus Wildfrüchten

4 Portionen · je E 0 g, F 0 g, KH 4 g, Kal. 20, Joule 80

1 l Hagebuttentee
5 EL Sanddorn gesüßt
1 Glas Holundersaft
2 EL Honig

Hagebuttentee mit Sanddorn, Holundersaft und Honig abschmecken und heiß servieren.

Kräutergrog

4 Portionen · je E 0 g, F 0 g, KH 5 g, Kal. 20, Joule 80

¾ l Thymiantee
¼ l Melissentee
3—4 EL Ahornsirup
etwas Zitronensaft

Den Tee mit Ahornsirup und Zitronensaft abschmecken und sehr heiß servieren.

Punsch mit Anis und Zimt

4 Portionen · je E 0 g, F 0 g, KH 5 g, Kal. 20, Joule 80

5—6 EL Apfelkonzentrat,
ca. 1 l Wasser
1 Zimtstange
2 Sterne Anis
3 Nelken
Saft von 3 Zitronen
Zitronenschale

Apfelkonzentrat mit Wasser verrühren, zum Kochen bringen. Zimt, Anis und Nelken zugeben, gut durchziehen lassen. Zitronensaft und Schale zugeben, nicht mehr kochen lassen. Eventuell mit etwas Honig nachsüßen.

Orangen-Teepunsch

4 Portionen · je E 0 g, F 0 g, KH 8 g, Kal. 30, Joule 120

2—3 unbehandelte Orangen
Saft von 2 Zitronen
4 TL Tee
5—7 TL Honig

Orangen gut waschen. Schale sehr dünn abschälen und Saft auspressen. Beides zusammen mit Zitronensaft abgedeckt ca. 2—3 Stunden ziehen lassen. Ca. 1 l nicht zu starken Tee kochen und mit dem Saft und dem Honig verrühren.

Milch-Birnen-Punsch

4 Portionen · je E 7 g, F 7 g, KH 22 g, Kal. 190, Joule 760

8 Birnenhälften aus der Dose (1 Dose)
2—3 EL Honig
Saft von 2—3 Zitronen
ca. 1 l Milch
Zimt

Birnenhälften pürieren, mit Honig und Zitronensaft vermischen. Die Milch zum Kochen bringen und mit dem Birnenmus vermischen. In gewärmte Teegläser füllen und leicht mit Zimt bestreuen.

Apfelpunsch

4 Portionen · je E 0 g, F 0 g, KH 8 g, Kal. 30, Joule 120

1 l Apfeltee
1 Zimtstange
Saft von 1—2 Zitronen
5—10 EL Apfeldicksaft

Apfeltee mit Zimtstange ziehen lassen, sehr heiß mit Zitronensaft und Apfeldicksaft abschmecken. Mit Zitronenschale anrichten. Der Tee erfrischt, obwohl er heiß getrunken wird.

Tomatencocktail

2 Portionen · je E 4 g, F 0 g, KH 15 g, Kal. 80, Joule 336

½ kg Tomaten
1 Bund Petersilie
1 TL Paprika, edelsüß
Salz
1 Prise Zucker
100 g Apfel
Eiswürfel
Pfeffer, frisch aus der Mühle

Tomaten ca. 1 Minute in kochendes Wasser geben, dann die Haut abziehen. Petersilie waschen und hacken.
Tomaten mit den Gewürzen und dem geschälten, gewürfelten Apfel in den Mixer geben und gut pürieren. Anschließend die gehackte Petersilie zugeben. Sollte der Saft zu dickflüssig sein, kann man ihn mit 1 Schuß Mineralwasser verdünnen.
In 2 Gläser füllen, Eiswürfel zugeben und die Oberfläche pfeffern.

Gemüse-Grapefruit-Mix

2 Portionen · je E 2 g, F 0 g, KH 17 g, Kal. 81, Joule 340

200 g Möhren
1 Tomate
1 Bund Petersilie
100 g Gurke (⅓)
100 g Sellerie
1 Grapefruit
1 Prise Salz

Möhren waschen, gut bürsten und in Stücke schneiden. Tomaten vierteln, Petersilie waschen, Gurke in Stücke schneiden, Sellerieknollen waschen und in Stücke schneiden. Alles zusammen durch den Entsafter geben.
Grapefruit auspressen und mit dem Gemüsesaft vermischen. Würzen und gut gekühlt servieren.

Kefir mit Möhren

2 Portionen · je E 9 g, F 3 g, KH 15 g, Kal. 105, Joule 441

1 Becher Kefir (250 ccm)
1 Tasse Milch 1,5 % F
Salz, Pfeffer
1 Prise Zucker
Saft einer halben Zitrone
1 EL Tomatenmark
100 g Möhren (mittelgroß)
½ Bund Schnittlauch

Kefir mit Milch vermengen, mit den Gewürzen, dem Zitronensaft und dem Tomatenmark abschmecken. Die feingeraspelten Möhren zugeben, ebenfalls den geschnittenen Schnittlauch. Einige Möhrenstückchen zur Garnitur übrig lassen.

Frischkost und Rohsalate — ein wichtiger Bestandteil der Naturküche

Rohkost oder Frischkost hat den Vorzug, erfrischend, und da sie nicht erhitzt werden muß, besonders vitamin- und mineralstoffreich zu sein. Außerdem hat sie eine verdauungsanregende Wirkung aufgrund des reichen Ballaststoffanteils.
Nur denken leider zu wenig Hausfrauen daran, Gemüse wirklich roh zu servieren. Der erste Einwand wird wegen der damit angeblich »verbundenen Arbeit« erhoben. »Für so etwas habe man keine Zeit!« Diese Meinung dürfte wohl auf einem Vorurteil beruhen, denn schaut man kritisch auf die Uhr, muß man feststellen, daß nur Minuten benötigt werden. Außerdem sollten moderne Geräte in der Küche Eingang finden; und schließlich wissen wir alle, wie schnell eine Möhre gerieben oder eine Gurke gehobelt ist, mit oder ohne Küchenmaschine. — Geeignet sind fast alle Gemüsesorten, nur müssen sie unbedingt frisch und einwandfrei sein. Manches Gemüse kann auch mit Obst kombiniert werden, um etwas von seinem vielleicht zu starken Eigengeschmack abzulenken.
Zum Anmachen und Abschmecken von Rohkost und Salaten sollten viele frische Kräuter statt Salz und anstatt fetter Mayonnaise besser Joghurt, Quark, wertvolle Pflanzenöle (z.B. auch Leinöl oder Kürbiskernöl) und Zitronensaft verwendet werden. Die Saucen können jeden Tag variiert werden, z.B. mit Tomatenmark, Tomatenketchup, Meerrettich, Zwiebeln, Knoblauch, Senf oder einer Prise Zucker und Apfeldicksaft.
Rohkost paßt übrigens zu jeder Mahlzeit. Als Vorspeise statt

Suppe, als Beilage, als Hauptgericht an heißen Sommertagen, als Zwischenmahlzeit oder als »schlankes Abendbrot«.

Vorschläge zu Frischkost-Zusammenstellungen

Möhren — mit Kresse, Sellerie oder Apfel
Sellerie — mit Apfel, Möhren oder Birnen und Nüssen
Blumenkohl — mit Banane
Sauerkraut — mit Ananas, Apfel, Gurken oder Zwiebeln
Rote Bete — mit Apfel oder etwas Johannisbeersaft
Chicorée — mit Mandarinen, Orangen, Grapefruit oder Gurken
Gurken — mit Kresse, Radieschen, Tomaten, Paprika oder Kopfsalat
Tomaten — mit Kresse, Paprika, Gurken oder Kopfsalat (oder als »Bauernsalat« mit Schafskäse)
Radieschen — mit Kresse, Kopfsalat, Feldsalat, Chicorée und Gurken

Kopfsalat

(Abb. Seite 80)

4 Portionen · je E 2 g, F 7 g, KH 4 g, Kal. 80, Joule 336

1 großer oder
2 kleine Köpfe Salat

Sauce:
1 Becher Joghurt 3,5 % F
20 g Sonnenblumenöl
(2 EL), kaltgepreßt
Saft von 1 Zitrone
Vollmeersalz
1 TL Apfelsaftkonzentrat
Pfeffer und frische
Salatkräuter

Salat zerpflücken, waschen und gut ausschütteln. Für die Sauce alle Zutaten miteinander verrühren und abschmecken. Kräuter je nach Jahreszeit, immer frisch gehackt oder geschnitten, dazugeben. Die Kopfsalatblätter erst kurz vor dem Verzehr mit der Sauce vermengen!
Mit dieser Sauce können praktisch alle Blattsalate, aber auch Wurzelgemüse (als Rohkost) zubereitet werden.

Bunter Endiviensalat

4 Portionen · je E 1 g, F 10 g, KH 5 g, Kal. 115, Joule 483

1 Endivienkopf
½ Glas Mixed Pickles oder milchsaures Gemüse
100 g Tomaten (2 Stück)
40 g Kaltpreßöl (4 EL)
Brühe des eingelegten Gemüses
Salz, Pfeffer

Endiviensalat zerpflücken, die Blätter waschen und in Streifen schneiden. Das eingelegte Gemüse, wenn nötig, kleinschneiden. Die Tomaten würfeln.
Die Sauce aus Öl, Brühe, Salz und Pfeffer herstellen und mit Salat und Gemüse vermengen. Mit Tomaten garnieren.

Bunter Kressesalat

4 Portionen · je E 1 g, F 11 g, KH 7 g, Kal. 124, Joule 520

1 Kästchen Kresse
¼ Stück Salatgurke
3 Tomaten
½ rote Paprika
einige gefüllte Oliven
eventuell eine Handvoll Champignons
Sauce Vinaigrette Seite 115 (halbe Menge)

Kresse abschneiden, unter fließendem Wasser kurz waschen, Salatgurke ungeschält in Scheiben schneiden. Tomaten ebenfalls in Scheiben, Paprika in schmale Streifen schneiden. Oliven halbieren und alles durchmischen. Die Sauce Vinaigrette erst kurz vor dem Verzehr untermischen.

Eisbergsalat

4 Portionen · je E 2 g, F 7 g, KH 14 g, Kal. 105, Joule 441

1 Kopf Eisbergsalat

Sauce:
1 Becher Sauermilch 3,5 % F
20—30 g Crème fraîche (2 EL)
20 g Tomatenmark (1—2 EL)
1 Schuß Cognac
1 Prise Zucker
Salz
schwarzer Pfeffer
etwas Zitronensaft

Eisbergsalat gut waschen (auch zwischen den Blättern) und achteln. Die Sauce anrühren und über jeweils 2 Achtel geben.

Tomatensalat

4 Portionen · je E 2 g, F 10 g, KH 8 g, Kal. 135, Joule 672

500—600 g Tomaten (ca. 8 Stück)
100 g Zwiebeln
12 schwarze Oliven
Basilikum, frisch geschnitten

Sauce:
40 g Kaltpreßöl (4 EL)
2 EL Obst- oder Rotweinessig
Vollmeersalz
schwarzer Pfeffer
Thymian, Majoran

Die Tomaten in Scheiben schneiden, die Zwiebeln in Ringe. Auf Tellern verteilen und mit dem Basilikum bestreuen. Die Soße darübergießen und mit schwarzen Oliven garnieren.

Gurkensalat

4 Portionen · je E 1 g, F 6 g, KH 2 g, Kal. 66, Joule 277

20 g Kaltpreßöl (2 EL)
½ Becher Sanoghurt 3,5 % F
Vollmeersalz
1 Prise Zucker
Pfeffer
Knoblauchpulver
Zitronensaft
1 Bund Dill
1 Salatgurke

Aus Pflanzenöl, Sanoghurt, Vollmeersalz, Zucker, Pfeffer, Knoblauchpulver, Zitronensaft und dem gehackten Dill eine Salatsauce herstellen.
Die Gurke waschen und mit der Schale in dünne Scheiben schneiden. Mit der Salatsauce vermengen, gleich servieren.

Paprikasalat

4 Portionen · je E 3 g, F 5 g, KH 12 g, Kal. 100, Joule 420

2 Paprikaschoten
1 Dose Gemüsemais (ca. 300 g)
1 mittelgroße Zwiebel
3—4 Tomaten

Sauce:
20 g Kaltpreßöl (2 EL)
Saft von 1 Zitrone
Vollmeersalz, Pfeffer
1 Bund Schnittlauch (gehackt)

Paprika waschen und in Würfel schneiden, ebenfalls die geschälte Zwiebel und die Tomaten.
Mais auf einen Durchschlag geben und gut abtropfen lassen.
Für die Sauce Öl, Zitronensaft, Gewürze, Schnittlauch verrühren und das geschnittene Gemüse damit vermengen.

Chicorée-Salat mit Mandarinen

4 Portionen · je E 4 g, F 2 g, KH 10 g, Kal. 70, Joule 294

250—300 g Chicorée
2 frische oder
1 kleine Dose
Mandarinen
Saft von ½ Zitrone

Sauce:
1 Becher Sauermilch 3,5 % F
Saft von ½ Zitrone
1 Prise Vollmeersalz
1 TL Apfelsaftkonzentrat
½ TL Curry

Chicorée vorbereiten, waschen und in Ringe schneiden. Mit Zitronensaft beträufeln. Die Mandarinen schälen und in Stücke schneiden. Sauce aus Joghurt und den Gewürzen bereiten und mit Chicorée und Mandarinen mischen.

Chicorée mit roten Beten und Äpfeln

4 Portionen · je E 2 g, F 10 g, KH 12 g, Kal. 145, Joule 609

250 g rote Bete
aus dem Glas
200—300 g Chicorée
2 Äpfel
2—3 EL Obstessig
Vollmeersalz
½ TL Apfelsaftkonzentrat
40 g Olivenöl (4 EL)

Rote Bete gut abtropfen lassen. Chicorée waschen, Äpfel schälen und beides in feine Streifen schneiden. Die Sauce aus Obstessig, den Gewürzen und Pflanzenöl in einer Salatschüssel zubereiten und leicht mit rote Bete, Chicorée und Apfelscheiben mischen. Eventuell nachwürzen.

Blumenkohlrohkost mit Nüssen

4 Portionen · je E 4 g, F 6 g, KH 5 g, Kal. 95, Joule 420

1 mittelgroßer Blumenkohl
1 Becher Sanoghurt
3,5 % F
1 Prise Zucker
Saft von ½ Zitrone
Meersalz
1 Prise Ingwer
1 TL Haselnußmus
2 EL Haselnüsse,
grob gehackt

Den Blumenkohl waschen (den Strunk entfernen) und fein raspeln. Aus Sanoghurt und den übrigen Zutaten eine Sauce herstellen und mit dem Blumenkohl vermischen.
Mit gehackten Haselnüssen bestreuen.

Spinatsalat

(Abb. Seite 80)

4 Portionen · je E 2 g, F 9 g, KH 4 g, Kal. 105, Joule 481

20—30 g Kaltpreßöl
(2—3 EL)
Saft einer halben Zitrone
Vollmeersalz
Pfeffer
1 Prise Zucker
1 kleine Zwiebel
200 g frischer Blattspinat
20 g Pinienkerne oder
2 hartgekochte Eier

Aus Pflanzenöl, Zitronensaft, Gewürzen und den kleingehackten Zwiebeln eine Salatsauce herstellen.
Spinat putzen, große Stiele entfernen und waschen. Mit Pinienkernen oder gehacktem Ei garnieren und sofort servieren.

Salatplatte

4 Portionen · je E 1 g, F 4 g, KH 5 g, Kal. 71, Joule 298

Salatgurke
Möhren
Tomaten
Rettich
Kopfsalat
Feldsalat
insgesamt 750 g

Sauce:
4—5 EL Kaltpreßöl
Zucker
Edelsüßpaprika
Pfeffer
evtl. Salz
Knoblauchpulver
3 EL frische gehackte Kräuter

Gemüse und Salat putzen, waschen und gut abtropfen lassen. Gurken und Tomaten in Scheiben schneiden, Rettich und Möhren raspeln. Salatblätter zerzupfen. Für die Sauce alle Zutaten verrühren und pikant abschmecken.
Die Salatzutaten getrennt mit der Sauce vermischen. Auf einer mit Salatblättern belegten Platte anrichten.

Rote Bete mit Apfel und Meerrettich

4 Portionen · je E 3 g, F 2 g, KH 13 g, Kal. 79, Joule 331

500 g rote Bete
1 mittelgroßer Apfel
(100 g)
1 Becher Sanoghurt 3,5 % F
1 EL Zitronensaft
1 EL Meerrettich
frisch gerieben
(oder aus dem Glas)
1 TL Apfelsaftkonzentrat
evtl. 1 Prise Vollmeersalz

Rote Bete schälen und fein raspeln. Den Apfel schälen und grob raspeln. Sanoghurt mit Zitronensaft, Meerrettich, Apfelsaftkonzentrat und Vollmeersalz vermischen. Zuerst die Äpfel, dann die rote Bete untermischen.

Sellerie-Rohkost

4 Portionen · je E 5 g, F 7 g, KH 19 g, Kal. 183, Joule 768

400 g Sellerie
etwas Zitronensaft
1 Becher Sanoghurt
½ Becher saure Sahne
1 Prise Vollmeersalz
1 Prise Pfeffer
1 sehr weiche Birne oder Birne aus der Dose
etwas Apfelsaftkonzentrat
5—6 Walnußkerne

Sauce: Sanoghurt mit saurer Sahne und etwas Zitronensaft verrühren. Abschmecken mit Vollmeersalz, Pfeffer und Apfelsaftkonzentrat.
Die Sellerieknolle gut bürsten, schälen und fein reiben, ebenfalls die weiche Birne.
Sellerie und Birnen sofort nach dem Reiben in die Sauce geben. (Vorsicht, damit der Sellerie nicht braun wird!)
Abschmecken und mit Walnußkernen garnieren.

Fenchel-Rohkost

4 Portionen · je E 7 g, F 6 g, KH 13 g, Kal. 170, Joule 680

400 g Fenchel (2 Knollen)
100 g rote Paprika (1 Schote)
40 g Kaltpreßöl (4 EL)
Saft von 1 Zitrone
1 TL Senf
Vollmeersalz
Pfeffer
1 Prise Zucker

Die Hüllblätter vom Fenchel entfernen, Stiele abschneiden, waschen und halbieren, zusammen mit der Paprikaschote in feine Streifen schneiden.
Aus Öl, Zitronensaft, Senf und den Gewürzen eine Sauce herstellen, alles miteinander mischen und ca. 10 Minuten durchziehen lassen.

Spargel-Rohkost

4 Portionen · je E 2 g, F 5 g, KH 5 g, Kal. 80, Joule 360

500 g Spargel
250 g Tomaten
1 Bund Dill
6 EL Sanoghurt oder
süße Sahne (½ Becher)
1 TL Senf
Salatblätter

Spargel waschen, schälen und in feine Scheiben schneiden. Tomaten überbrühen, die Haut abziehen und durch ein Sieb streichen. Mit Salz, Dill, Sanoghurt oder Sahne und Senf abschmecken.
Die Spargelstücke in der Sauce gut durchziehen lassen und auf Salatblättern anrichten.

Kohlrabi-Rohkost

4 Portionen · je E 4 g, F 9 g, KH 5 g, Kal. 117, Joule 491

4 kleine Kohlrabi-Knollen
1 Becher Sanoghurt
2 EL saure Sahne
Saft von ½ Zitrone
2 EL Kaltpreßöl (20 g)
Vollmeersalz
Pfeffer
1 Prise Zucker
1 Prise Ingwer
Schnittlauch

Kohlrabi putzen, waschen, schälen und halbieren. Die Hälften mit einem Küchenhobel oder in der Küchenmaschine grob reiben.
Aus Sanoghurt, saurer Sahne, Zitronensaft und Öl eine Salatsauce herstellen. Mit Vollmeersalz, Pfeffer, Apfeldicksaft und Ingwer abschmecken. Den frischen Schnittlauch gehackt darübergeben.

Möhren-Rohkost

4 Portionen · je E 2 g, F 5 g, KH 9 g, Kal. 94, Joule 395

400—500 g Möhren
20 g Kaltpreßöl
(2 EL)
Saft von ½ Zitrone
½ TL Apfelsaftkonzentrat
oder 1 Prise Zucker
evtl. 30 g Sanoghurt 3,5 % F
(2 EL)

Die Möhren waschen, wenn nötig fein schälen und fein raspeln. Mit Pflanzenöl, Zitronensaft und wenn gewünscht, mit Sanoghurt vermischen und sofort servieren.

Steckrüben-Rohkost

4 Portionen · je E 1 g, F 8 g, KH 15 g, Kal. 130, Joule 520

ca. 500 g Steckrüben
2—3 Scheiben Ananas
etwas Ananassaft
20—30 g Pflanzenöl
etwas Meersalz

Steckrüben vorbereiten, schälen und fein reiben. Die Ananas in Stücke schneiden und zusammen mit etwas Ananas- und Zitronensaft und den Steckrüben vermischen. Eventuell etwas nachsalzen.

Rotkohlrohkost mit Käsesauce

4 Portionen · je E 8 g, F 7 g, KH 7 g, Kal. 125, Joule 525

1 kleiner Rotkohl

Sauce:
100 g Schafskäse
1 Becher Joghurt
1 Knoblauchzehe
etwas Salz
evtl. etwas Zitronensaft

Den Rotkohl waschen und sehr fein schneiden (vorher den Strunk entfernen).

Spinatsalat (Rezept S. 76) ▷
Bauernsalat (Rezept S. 71)

Den Schafskäse durch ein Sieb drücken, mit Joghurt verrühren, die Knoblauchzehe hineindrücken und mit Salz und Zitronensaft abschmecken.

Weißkohlrohkost »lieblich«

4 Portionen · je E 2 g, F 13 g, KH 7 g, Kal. 155, Joule 651

½ Weißkohl

Sauce:
⅛ l süße Sahne 30 % F
1 TL Honig
Saft von 1 Zitrone
Salz
20 g grob gehackte Haselnüsse (1—2 EL)

Den Weißkohl waschen und sehr fein schneiden (vorher den Strunk entfernen).
Für die Sauce die Sahne mit Honig, Zitronensaft und Salz verrühren und mit dem Kohl vermischen. Ca. 30 Minuten durchziehen lassen und mit den gehackten Nüssen bestreuen.

Zwiebel-Apfelsalat

4 Portionen · je E 3 g, F 1 g, KH 12 g, Kal. 65, Joule 260

1 große Gemüsezwiebel
2 mittelgroße Äpfel (möglichst mit roter Schale)
150 g Sanoghurt (1 Becher)
Saft von ½ Zitrone
1 Prise Zucker
etwas Meersalz
fein gehackte Petersilie

Gemüsezwiebel schälen, halbieren, in kleine Scheiben schneiden, ebenfalls die Äpfel.
Aus Sanoghurt, Zitronensaft und den Gewürzen eine Sauce herstellen und mit den Apfel- und Zwiebelscheiben vermischen.

Salate, Suppen und Säfte aus Wildkräutern

(Abb. Seite 32)

Oft als Unkraut abgetan, gibt es auf unseren Wiesen oder an Wegrändern eine Menge Wildkräuter, die köstlich schmekken und aufgrund ihrer Inhaltsstoffe den Stoffwechsel aktivieren, die Blutbildung fördern und entschlacken (siehe Kapitel Kurzzeitkuren zu Hause). Daneben führen sie dem Körper Vitamine und Mineralstoffe zu.

Brennessel wirkt entwässernd (entschlackend) und trägt zur Blutbildung im Körper bei.
Brunnenkresse ist ein großer Mineralstoff- und Vitamin-C-Träger. Man schreibt ihr eine drüsenanregende und blutreinigende Wirkung zu.
Huflattich, seine Hauptwirkstoffe sind Schleimstoffe, die sich günstig bei Erkältungskrankheiten auswirken, aber auch bei entzündlichen Vorgängen im Magen-Darmbereich.
Löwenzahn ist harntreibend, deshalb nennt man ihn in manchen Gegenden Deutschlands auch »Pißkraut«.
Spitzwegerich ist sehr schleimstoffhaltig und deshalb wird er oft bei Erkrankungen der Atemwege eingesetzt.
Sauerampfer eignet sich sehr gut als Frühjahrssalat. Er ist reich an Vitamin C.

Die Wildkräuter sollten bitte nur in verkehrsarmen Gegenden und nur frühmorgens (keine welken Blätter) gesammelt werden.

Salat aus Brunnenkresse

4 Portionen · je E 2 g, F 12 g, KH 5 g, Kal. 120, Joule 680

ca. 200 g Brunnenkresse

Sauce:
30—40 g Walnußöl
(3—4 EL)
Saft von $\frac{1}{2}$ Zitrone
etwas Senf
$\frac{1}{2}$ TL Honig
Vollmeersalz
ca. 10 Walnußhälften

Brunnenkresse waschen. Die Saucenzutaten mischen und mit der Kresse vermengen. Die Walnußkerne grob hacken und darüberstreuen.

Sauerampfersalat, lieblich

4 Portionen · je E 2 g, F 10 g, KH 4 g, Kal. 112, Joule 448

ca. 200—250 g Sauerampfer
$\frac{1}{8}$ l süße Sahne 30 % F
1 TL Honig
Saft von 1 Zitrone
1 Prise Meersalz

Sauerampfer verlesen, waschen und gut ausschütteln. Blätter zerrupfen oder wie Endiviensalat schneiden.
Salatsauce aus Sahne, Honig, Zitronensaft und Salz herstellen und gut mit dem Sauerampfer vermischen.

Sauerampfersalat, pikant

4 Portionen · je E 3 g, F 10 g, KH 2 g, Kal. 94, Joule 380

Sauce:
2 hartgekochte Eigelb
etwas Senf
20 g (2 EL) kaltgepreßtes Sonnenblumenöl
2 EL Obstessig
Vollmeersalz
Pfeffer
½ Zwiebel (sehr fein geschnitten)

Eigelb sehr fein zerdrücken, evtl. durch ein Sieb drücken. Die Masse mit Öl, Essig, Vollmeersalz, Pfeffer und den Zwiebeln verrühren. Mit dem Sauerampfer vermischen.

Löwenzahnsalat

4 Portionen · je E 2 g, F 6 g, KH 2 g, Kal. 65, Joule 265

ca. 250 g Löwenzahn
40 g (4 EL) Traubenkernöl
2—3 EL Obstessig
2—3 EL Sanoghurt
1 Prise Zucker
weißer Pfeffer
Meersalz
etwas Knoblauchpulver

Die Salatblätter sorgfältig waschen und gut ausschütteln. Wenn die Blätter zu hart sind, können sie auch wie Endiviensalat geschnitten werden.
Salatsauce aus Öl, Obstessig, Sanoghurt, Zucker, Pfeffer, Vollmeersalz und Knoblauchpulver herstellen — über die Löwenzahnblätter geben und dann untermischen.

Löwenzahnsalat mit Senfsauce

4 Portionen · je E 2 g, F 10 g, KH 3 g, Kal. 110, Joule 440

1 EL Senf
1—2 EL Weinessig
1 Prise Zucker
Vollmeersalz
Pfeffer
3—4 EL naturbelassenes Sonnenblumenöl

Salatblätter waschen und in Stücke schneiden. Saucenzutaten verrühren und über die Blätter gießen, gut untermischen. Kurz durchziehen lassen.

Löwenzahnsalat mit Ei

4 Portionen · je E 4 g, F 13 g, KH 2 g, Kal. 140, Joule 560

ca. 200—300 g selbstgesammelte Löwenzahnblätter oder 1 Staude
2 hartgekochte Eier
3—4 EL Walnußöl (30—40 g)
Saft von 1 Zitrone
Meersalz oder Vollmeersalz
weißer Pfeffer
1 Prise Zucker

Die Löwenzahnblätter waschen und evtl. in Stücke schneiden. Die Eier in Scheiben schneiden. Aus Öl, Zitronensaft, Salz, Pfeffer und Zucker eine Sauce herstellen und alles miteinander mischen. Der Salat sollte ca. 20 Minuten durchziehen.

Gemischter Wildkräutersalat

4 Portionen · je E 1 g, F 10 g, KH 4 g, Kal. 100, Joule 400

50—100 g Löwenzahnspitzen
50—100 g Brennessel
6—8 Borretschblätter
2 enthäutete Tomaten
Eiweiß von 1 hartgekochten Ei

Sauce:
40 g Traubenkernöl (4 EL)
Saft von ½ Zitrone
Vollmeersalz
sehr wenig Senf (süß)
weißer Pfeffer

Löwenzahnspitzen, Brennessel und Borretschblätter waschen. Tomaten kurz ins kochende Wasser geben und enthäuten. Saucenzutaten verrühren und über die Wildkräuter geben. Mit gehacktem Eiweiß bestreuen.

Brennesselsuppe

4 Portionen · je E 2 g, F 5 g, KH 8 g, Kal. 100, Joule 400

1 große Zwiebel
50—100 g Lauch
20 g Pflanzenmargarine
1 l Gemüsebrühe
400 g frische Brennessel
Sojasauce
Vollmeersalz
1 Prise Zucker
evtl. etwas Stärkemehl
1 Bund Schnittlauch

Zwiebel in Würfel, Lauch in Streifen schneiden und im Pflanzenfett andünsten.
Mit Gemüsebrühe aufgießen und die frischen Brennesseln zugeben, aufkochen lassen und abschmecken mit Sojasauce, Salz, Zucker, evtl. mit etwas Stärkemehl leicht anbinden. Mit geschnittenem Schnittlauch bestreuen.

Sauerampfersuppe

4 Portionen · je E 4 g, F 10 g, KH 20 g, Kal. 190, Joule 670

1 kleine Stange Porree
30 g Butter oder ungehärtete Pflanzenmargarine
½—¾ l Flüssigkeit aus Gemüsebrüheextrakt
200 g Kartoffeln
ca. 100 g Sauerampfer
Saft von ½ Zitrone
1 Becher saure Sahne
Meersalz
Pfeffer
1 Prise Zucker
1 Bund gehackter Schnittlauch
1 Liebstöckelblatt

Porree putzen, in Ringe schneiden und in 15 g Fett andünsten. Die Flüssigkeit zugeben, ebenfalls die geschälten und gewürfelten Kartoffeln. Ca. 30 Minuten garen und im Mixer pürieren.
Zwischenzeitlich den geputzten, feingeschnittenen Sauerampfer in dem restlichen Fett andünsten. Zitronensaft und die gut verrührte Sahne zugeben. Alles miteinander vermischen.
Die Suppe nur noch kurz erwärmen (nicht mehr kochen) und mit Salz, Pfeffer, Zucker und geschnittenem Schnittlauch abschmecken.
In Suppentassen füllen und mit je 1 Liebstöckelblatt garnieren.

Brennessel-Gurkensaft

1 Portion

ca. 100 g Brennessel
ca. 150—200 g Gurke
etwas Zitrone

Brennesseln und die Gurke waschen, vorbereiten und durch die Zentrifuge geben. Mit Zitrone abschmecken.

Spitzwegerichsaft mit Tomate

1 Portion

ca. 100 g Spitzwegerich
1—2 Tomaten
1—2 Liebstöckelblätter

Spitzwegerich vorbereiten und waschen, zusammen mit Tomate und Liebstöckelblättern auspressen.

Löwenzahnsaft mit Birne

1 Portion

ca. 50 g Löwenzahnblätter
1 kleine Birne
etwas Zitronensaft

Löwenzahnblätter vorbereiten und waschen, mit der Birne auspressen. Etwas Zitronensaft zugeben.

Huflattich-Fenchelsaft

1 Portion

ca. 100 g Huflattich
½ Fenchelknolle
Fenchelkraut
1 Prise Anis

Huflattich vorbereiten, waschen, ebenso die Fenchelknolle, und zusammen auspressen. Mit Fenchelgrün und Anis abschmecken.

Herzhafte Salate

Maissalat

4 Portionen · je E 4 g, F 5 g, KH 13 g, Kal. 110, Joule 462

1 kleine Dose Gemüsemais
100 g Tomaten (2 Stück)
100 g Salatgurke (½ Stück)
1 Apfel (100 g)

Sauce:
2 EL Kaltpreßöl
2 EL Obstessig
Vollmeersalz, Pfeffer
frischer, gehackter Schnittlauch

Alle Zutaten für die Sauce miteinander vermengen. Den Gemüsemais abtropfen lassen (Brühe nicht verwenden), Tomaten achteln, Gurken in Scheiben oder Würfel schneiden, ebenfalls den geschälten Apfel. Die Zutaten miteinander vermischen und mit der Salatsauce übergießen.

Käsesalat

4 Portionen · je E 11 g, F 21 g, KH 15 g, Kal. 304, Joule 1276

150 g Schnittkäse (Gouda oder Emmentaler)
200 g helle Weintrauben
100 g dunkle Weintrauben
50 g Walnüsse
20 g Kaltpreßöl
Saft von 1—2 Zitronen
1 Prise Zucker
Salz, Pfeffer

Käse in Stifte schneiden. Weintrauben halbieren und Kerne entfernen, Walnüsse hacken (aber nicht zu fein). Öl, Zitronensaft, Zucker, Salz und Pfeffer dazugeben und vorsichtig miteinander vermengen.

Vollkornnudelsalat mit Pfifferlingen

4 Portionen · je E 8 g, F 10 g, KH 41 g, Kal. 300, Joule 1200

200 g Vollkornnudeln
(Hörnchen), Salz
250 g Pfifferlinge
(aus der Dose)
100 g Zwiebeln
(1 mittelgroße)
1 Becher saure Sahne
1 TL Senf
Salz, Pfeffer
1 Prise Zucker
Knoblauchpulver
Zitronensaft
1 Bund Schnittlauch
(geschnitten)

Nudeln in Salzwasser ca. 10—15 Minuten sprudelnd kochen, abtropfen und abkühlen lassen.
Pfifferlinge abtropfen, Zwiebeln schälen und würfeln.
Aus saurer Sahne und Senf eine Sauce herstellen und mit Salz, Pfeffer, Zucker, Knoblauchpulver und Zitronensaft abschmecken. Geschnittenen Schnittlauch zugeben und alles miteinander vermengen und durchziehen lassen.

Gerstenkörnersalat

4 Portionen · je E 6 g, F 4 g, KH 35 g, Kal. 215, Joule 860

150 g Gerstenkörner
1 l Wasser
Gemüsebrüheextrakt
Lorbeerblatt
Salz
3 Tomaten
2 Schalotten

Sauce:
150 g saure Sahne
1 Prise Zucker
1 Prise Salz
Hefewürze
Knoblauchpulver
Pfeffer
etwas Senf
1 Lage Kresse

Gerstenkörner über Nacht in 1—2 l Wasser einweichen und am nächsten Tag mit dem Einweichwasser bei kleiner Flamme kochen lassen.

Tomaten aushöhlen und würfeln, die Schalotten in feine Streifen schneiden. Für die Sauce alle Zutaten verrühren und die Gerstenkörner, die Tomatenwürfel und Schalotten damit vermengen. Gut durchziehen lassen und mit Kresse garnieren.

Reissalat indisch

4 Portionen · je E 8 g, F 14 g, KH 52 g, Kal. 375, Joule 1575

150 g Naturreis
Salz
3 kleine Äpfel (300 g)
50 g Rosinen (eingeweicht in kaltem Wasser)
50 g Mandelstifte

Sauce:
1 Becher Sauermilch 3,5 % F
1 Becher saure Sahne
20 g Mangochutney (1—2 EL)
1 TL Apfelsaftkonzentrat
1 EL Curryextrakt oder Currypulver
1 Prise Ingwer
Saft von 2 Zitronen
etwas Salz und Pfeffer

Reis kochen (siehe Rezept S. 92), Äpfel schälen, würfeln und zusammen mit den abgetropften Rosinen und Mandelstiften zu dem Reis geben.
Sauermilch mit Sahne verrühren und mit den Gewürzen abschmecken. Alles miteinander vermengen und den Reissalat gut durchziehen lassen. Er muß süß-pikant schmecken (evtl. nochmals nachschmecken).

Reissalat pikant

4 Portionen · je E 10 g, F 8 g, KH 30 g, Kal. 240, Joule 960

ca. 150 g Naturreis
Salz
100 g frische Gurke (½)
100 g Tomaten (2 Stück)
je 1 rote und grüne Paprikaschote

Sauce:
40 g Kaltpreßöl (4 EL)
2—3 EL Obstessig
3—4 EL Wasser
Salz
1 Prise Zucker
Pfeffer
Paprika

Reis in sprudelndem Salzwasser 30—50 Minuten kochen, abtropfen und abkühlen lassen. Gurken, Tomaten und Paprika würfeln und zu dem Reis geben.
Alles mit der Sauce vermischen und durchziehen lassen. Eventuell nochmals nachwürzen.

Grünkernsalat mit Roquefortdressing

4 Portionen · je E 8 g, F 4 g, KH 34 g, Kal. 245, Joule 980

150 g Grünkern
2 mittelgroße Birnen
½ Salatgurke

Sauce:
50 g Roquefortkäse
1 Becher Sanoghurt 3,5 % F
1 Prise Salz
1 Prise Zucker

Grünkern über Nacht einweichen und am nächsten Tag mit dem Einweichwasser bei kleiner Flamme ca. 50 Minuten kochen.
Die Birnen schälen, zusammen mit der Salatgurke in Würfel schneiden und zu den Grünkörnern geben.

Roquefortkäse leicht erwärmen (einpacken in Alufolie und kurz in heißes Wasser legen). Mit dem Sanoghurt vermischen und mit Salz und Zucker abschmecken.
Alles miteinander vermengen und gut durchziehen lassen.

Weizenkörnersalat mit Paprika und Tomate ×

4 Portionen · je E 5 g, F 10 g, KH 25 g, Kal. 225, Joule 900

130—150 g Weizenkörner (ca. 8—10 Stunden gequollen)
1 Paprikaschote grün
2 mittelgroße Tomaten oder ½ Salatgurke
1 Bund Schnittlauch
40 g (4 EL) kaltgepreßtes Sonnenblumenöl
Saft von 1—2 Zitronen
2 Knoblauchzehen
etwas Senf
Salz
Hefewürze
Pfeffer
1 Prise Zucker

Weizenkörner über Nacht in ca. 2 l Wasser einweichen. Am nächsten Tag ca. 50—60 Minuten bei kleiner Flamme kochen. Die Körner nach dem Kochen abkühlen lassen. Paprika und Tomaten oder Gurke in kleine Würfel und Schnittlauch klein schneiden.
Aus Pflanzenöl, Zitronensaft, Knoblauch, Senf, Salz, Pfeffer und Zucker eine Salattunke herstellen und alles miteinander vermischen.
Etwa 1 Stunde durchziehen lassen. Dieser Salat kann gut (ohne Knoblauch) mit zum Arbeitsplatz oder zum Picknick genommen werden.

Salat aus Sojakeimlingen

4 Portionen · je E 3 g, F 10 g, KH 12 g, Kal. 155, Joule 620

Ca. 80 g grüne Mungobohnen (diese werden in einem Keimapparat ca. 4—5 Tage bei Zimmertemperatur gekeimt), oder
ca. 300 g »Sojabohnenkeimlinge«, frisch oder aus der Dose
4 EL Kaltpreßsonnenblumenöl (10 g)
Saft von ½ Zitrone
1 Prise Zucker
Meersalz oder Vollmeersalz
1 EL Sojasauce
1 Prise Ingwer oder frischen geschnittenen Ingwer
1 kleine gewürfelte Zwiebel
1 Tomate

Die Keimlinge ca. 2—3 Minuten blanchieren und wieder abkühlen lassen.
Aus den übrigen Zutaten eine Sauce herstellen und mit den Keimen vermischen. Durchziehen lassen und mit Tomatenecken garnieren.

Salat aus gekeimten Weizenkörnern

4 Portionen · je E 3 g, F 10 g, KH 20 g, Kal. 200, Joule 800

ca. 100 g Weizen
150—200 g rote Bete (2 kleine Knollen)
40 g kaltgepreßtes Sonnenblumenöl
1 TL Meerrettich ungeschwefelt
1 Prise Zucker
Salz
Saft von 1—2 Zitronen
evtl. etwas Kümmelpulver

Weizenkörner auf 3 Lagen eines Keimapparates verteilen und ca. 3 Tage keimen lassen. (Jeden Tag abwaschen!)

Rote Bete schälen und fein raspeln.
Aus Pflanzenöl, Meerrettich, Zucker und Salz, Zitronensaft und je nach Geschmack etwas Kümmelpulver eine Salatsauce bereiten. Über die Körner und rote Bete geben und alles miteinander vermischen. Abgedeckt etwa ½ Stunde stehen lassen.
Die gekeimten Körner müssen nicht eingearbeitet, sondern können auch über die Salate gestreut werden. Sie passen gut zu Blumenkohl, Sellerie- und Möhrenrohkost, aber auch zu Blattsalaten.

Vorspeisen und kleine Zwischengerichte

Vorspeisen werden gereicht, damit den Gästen »das Wasser im Munde zusammenläuft«. Sie sollen den Appetit anregen und die Freude auf ein nachfolgendes Menü noch steigern. Die folgenden Gerichte können natürlich auch in Verbindung mit einer Suppe oder Salatplatte als kleines Abendbrot oder leichte Sommermahlzeit gelten.

Gefüllte Avocados

4 Portionen · je E 8 g, F 31 g, KH 8 g, Kal. 304, Joule 1276

2 Avocados
1 Doppelrahmfrischkäse (62 g)
50 g Magerquark (2 EL)
evtl. 2 EL Milch
je 30 g Walnüsse und Pistazien (kleingehackt)
Salz
Paprika edelsüß
Pfeffer
evtl. etwas Zitronensaft

Die Avocados waschen und kühl lagern.
Käse, Quark und Milch gut miteinander verrühren. Die gehackten Walnüsse und Pistazienkerne zugeben und mit Salz, Paprika und Pfeffer abschmecken, evtl. etwas Zitronensaft unterrühren.
Die Avocados der Länge nach durchschneiden, den Kern herausnehmen und die Kernmulden mit der Käse-Quark-

masse füllen (am besten mit der Spritztüte). Bis zum Servieren bitte kühlen.
Dieses Rezept ist relativ einfach. Fett kann aber reduziert werden, wenn Frischkäse mit Quark ausgetauscht wird.

Artischockenböden

4 Portionen · je E 2 g, F 11 g, KH 11 g, Kal. 174, Joule 730

4 Artischockenböden (aus Dose oder Glas)
schwarzer Pfeffer aus der Mühle
Sauce Vinaigrette, Seite 115 (halbe Menge)

Artischockenböden mit Zitronensaft beträufeln und pfeffern. Die Sauce Vinaigrette darübergießen.

Gefüllte Eier

4 Portionen · je E 8 g, F 7 g, KH 1 g, Kal. 96, Joule 463

4 Eier
50 g Magerquark (2 EL)
1 TL Senf
Salz
Pfeffer
Petersilie zum Garnieren

Eier in 10—20 Minuten hart kochen. Abkühlen lassen und der Länge nach aufschneiden. Die Dotter herausnehmen und durch ein Sieb drücken.
Die Dottermasse mit Quark und Senf vermengen und mit Salz und Pfeffer abschmecken.
In die Eihälften hineinspritzen und mit Petersilie garnieren. Auf Salatblättern anrichten.

Pikanter Quarkbecher

4 Portionen · je E 17 g, F 8 g, KH 6 g, Kal. 162, Joule 680

250 g Magermilch
1 Becher Sanoghurt 1,5 % F
evtl. etwas Milch
1 TL Hefeextrakt
Salz
1 Prise Zucker
weißer Pfeffer
Cayennepfeffer
etwas Knoblauchpulver
2 hartgekochte Eier
4 schnittfeste Tomaten
je 1 EL Dill und Schnittlauch
(fein geschnitten)

Quark mit Sanoghurt, dem Hefeextrakt und den Gewürzen verquirlen.
Die hartgekochten Eier und die Tomaten in Scheiben schneiden und in 4 Cocktail- oder Sektgläser verteilen. Die Quarkcreme darübergießen und mit Kräutern garnieren.

Birnen, gefüllt mit Käsecreme

4 Portionen · je E 9 g, F 5 g, KH 6 g, Kal. 94, Joule 395

4 Birnenhälften,
sehr reif
Saft von ½ Zitrone
50 g Roquefort
oder Gorgonzola
125 g Magerquark
20 g Sahne (2 EL)
1 Prise Salz
1 Prise Zucker
schwarzer Pfeffer
4 Oliven
Weintrauben oder Nüsse

Die Birnenhälften an der Schnittfläche mit Zitronensaft bestreichen. Den Käse durch ein Sieb drücken (nicht direkt aus dem Kühlschrank), mit dem Quark und der Sahne verrühren. Abschmecken mit Salz, Zucker, Pfeffer.
Die Masse (mit der Spritztüte) in die Birnenhälften füllen, mit Oliven, Weintrauben oder Nüssen garnieren und auf Salatblättern anrichten.

Gefüllter Staudensellerie

4 Portionen · je E 12 g, F 3 g, KH 5 g, Kal. 103, Joule 432

1 Staudensellerie (ca. 400 g)
250 g Magerquark
1/10 l Trinkmilch
1 Bund Schnittlauch oder Dill
1 Prise Vollmeersalz
1 Prise Pfeffer
1 Prise Paprika
1 Prise Zucker

Staudensellerie putzen. Die einzelnen Selleriestangen etwas vom unteren Ende lösen, wenn nötig die Haut abziehen und die dünnen oberen Enden abschneiden. Einen Teil der dünnen Enden in sehr kleine Stücke schneiden, zu der Masse aus Quark und Milch geben und mit Kräutern, Gewürzen und Zucker abschmecken.
Die fertige Quarkmasse in die Selleriestangen füllen, mit Sellerieblättern garnieren und als Vorspeise reichen.
Die Fülle kann auch mit Frischkäse hergestellt werden.

Gefüllte Tomaten mit Maissalat

4 Portionen · je E 1 g, F 8 g, KH 8 g, Kal. 112, Joule 470

8 gleichmäßig große Tomaten
150 g Gemüsemais (ca. 1/2 Dose)
1/2 Apfel
1 Tomate
1 Essiggurke
Saft von 1 Zitrone
30 g Kaltpreßöl (3 EL)
Salz
Pfeffer
Petersilie

Die Tomaten vorsichtig aushöhlen. Den Gemüsemais abtropfen lassen. Apfel, Tomate und Gurke in Würfel schneiden. Alles mit Zitronensaft, Öl, Salz und Pfeffer vermengen, in die Tomaten füllen und mit Petersilie garnieren.

Meerrettich-Pfirsich-Toast

4 Portionen · je E 8 g, F 19 g, KH 22 g, Kal. 256, Joule 1075

4 Scheiben Grahambrot
20 g Butter
20 g geriebener Meerrettich (2 EL)
4 Pfirsichhälften
Hefestreuwürze
80 g Käse 45 % F. i. Tr. (4 Scheiben)
20 g Mandeln (8 Stück)

Die Brotscheiben mit Butter und Meerrettich bestreichen. Pfirsichhälften gut abtropfen lassen und blättrig schneiden. Auf den Toastscheiben verteilen. Leicht würzen und mit Käse abdecken. Mit Mandelhälften garnieren und ca. 15 Minuten bei 200 Grad (Stufe 3) überbacken.

Toast mit Spinat und Ei

pro Toast E 14 g, F 9 g, KH 22 g, Kal. 260, Joule 1040

4 Scheiben Grahambrot oder anderes leichtes Weizenvollkornbrot
20 g ungehärtete Pflanzenmargarine
1 kleine Gemüsezwiebel
250 g frischer Blattspinat oder ½ Packung Tiefgefrier-Spinat
Meersalz
Muskatnuß
Hefewürze, körnig
4 Eier
1—2 l Essigwasser
1—2 Scheiben Tilsiter 45 % F. i. Tr.
Paprikapulver

Grahambrot leicht vortoasten. Die Pflanzenmargarine erhitzen, Zwiebel kleinschneiden und darin glasig dünsten. Spinat zugeben und ca. 10 Minuten garen. Mit Salz, Muskat und Hefewürze abschmecken und gut ausgedrückt auf den Toasts verteilen.
Wasser mit Essig abschmecken und zum Kochen bringen. Die Eier in einer Schöpfkelle aufschlagen und in das Wasser »gleiten« lassen. Ca. 8 Minuten garen, herausnehmen und

auf den Spinat setzen. Mit Käsestreifen belegen und mit Paprikapulver bestreuen.
Bei 200 Grad ca. 15 Minuten überbacken.

Toast mit Birnen und Preiselbeeren

pro Toast E 9 g, F 6 g, KH 32 g, Kal. 245, Joule 980

4 Scheiben Grahambrot oder anderes leichtes Vollkornbrot
20 g ungehärtete Pflanzenmargarine
6—8 Birnenhälften (Dose)
2 EL Preiselbeeren gesüßt aus dem Glas
1 Ecke Camembert 30 % F. i. Tr. (120 g)

Grahambrot leicht vortoasten, abkühlen lassen und mit Pflanzenmargarine bestreichen.
Birnenhälften gut abtropfen lassen (evtl. mit dem Küchentuch abtupfen) und zusammen mit den Preiselbeeren auf den Toasts verteilen. Mit Camembertscheiben belegen und bei 200 Grad ca. 15—20 Minuten überbacken.

Toast »italienisch«

pro Toast E 4 g, F 3 g, KH 22 g, Kal. 160, Joule 640

4 Scheiben Grahambrot
2 EL Tomatenmark
1 EL Mayonnaise
Vollmeersalz
Knoblauchpulver
Kräuter der Provence
schwarzer Pfeffer
4 mittelgroße Tomaten
2 Scheiben Edamer 40 % F. i. Tr.

Grahambrot leicht vortoasten. Tomatenmark, Mayonnaise, Salz, Knoblauchpulver, Kräuter der Provence und Pfeffer miteinander mischen und das Brot damit bestreichen. Die Tomaten in dünne Scheiben schneiden und verteilen.
Mit je einer halben Käsescheibe belegen und bei 200 Grad ca. 15—20 Minuten überbacken.

Toast mit Pfirsich und Meerrettich

pro Toast E 9 g, F 6 g, KH 25 g, Kal. 195, Joule 780

4 Scheiben Grahambrot
20 g Butter
1 EL Meerrettich
ungeschwefelt
Hefewürze
4 Pfirsichhälften
sehr weich oder
aus der Dose
4 Scheiben Edamer
40 % F. i. Tr.

Grahambrot kurz vortoasten, mit Butter und Meerrettich bestreichen. Pfirsiche kurz in heißes Wasser tauchen und enthäuten, auf den Toast geben, leicht würzen und mit je einer Käsescheibe belegen. Bei ca. 200° 15—20 Minuten überbacken.

Suppen

Im Rahmen der großen Schlankheitskampagne in den letzten Jahren sind Suppen eigentlich etwas ins Hintertreffen geraten.
Dabei gibt es zahlreiche Suppen, die vollwertig, leicht bekömmlich und sogar wunderbar erfrischend sein können.
Die richtig ausgewählte und zubereitete Suppe soll die Mahlzeit nicht nur einleiten, sie kann auch bezüglich ihres Nährstoffgehaltes ein Menü ergänzen oder ausgleichen. Wenn man beispielsweise vor einem vitaminarmen Auflauf eine Gemüsesuppe mit frischen Kräutern reicht, im Sommer vor einem eiweißreichen Quarkgericht eine erfrischende Obstkaltschale oder vor einem Salatteller mit Ei eine sättigende Getreidesuppe serviert.
Auch als kleine Mahlzeiten zwischendurch oder an kalten Winterabenden, zum Aufwärmen, bieten sich Suppen an.

Italienische Gemüsesuppe

4 Portionen · je E 1 g, F 10 g, KH 6 g, Kal. 120, Joule 504

Ca. 400 g Gemüse
(Möhren, Kohlrabi, Sellerie, Erbsen, Blumenkohl, Lauch)
40 g Kaltpreßöl (4 EL)
1 l Brühe
Hefestreuwürze
Salz
Pfeffer
1 Stengel Maggikraut
1 Bund Petersilie

Gemüse vorbereiten, waschen und, wenn nötig, kleinschneiden. In heißem Öl leicht andünsten und mit der Brühe aufgießen.
Mit Hefestreuwürze, Salz und Pfeffer abschmecken. Zum Schluß die gehackten Kräuter zugeben.

Zwiebelsuppe

4 Portionen · je E 9 g, F 11 g, KH 22 g, Kal. 227, Joule 953

40 g Kaltpreßöl (4 EL)
400 g Zwiebeln
1 bis 1½ l Gemüsebrühe oder Brühe aus Hefebrühwürfeln
weißer und schwarzer Pfeffer
1 Lorbeerblatt
1 Msp Wacholder, gemahlen
3—4 EL Weißwein
80—100 g Grahambrot (4 dünne Scheiben)
100 g geriebener Schnittkäse (Emmentaler, 40 % F. i. Tr.)

Die geschälten Zwiebeln in feine Ringe schneiden und in Pflanzenöl hellgelb (glasig) dünsten. Mit 1—1½ l Brühe (nach und nach) auffüllen und aufkochen lassen. Lorbeerblatt und die Gewürze zugeben und je nach Stärke der Zwiebelringe 10 Minuten garen lassen. Zum Schluß den Wein zugießen. Die Suppe in feuerfeste Suppentassen füllen, mit dem vorgetoasteten Brot belegen und mit Käse überstreuen.
Im vorgeheizten Ofen bei 220—250 Grad (Stufe 4—5) ca. 10 Minuten überbacken.

Schnelle Gemüsesuppe

4 Portionen · je E 1 g, F 2 g, KH 6 g, Kal. 45, Joule 184

1 Packung Tiefgefrier-Suppengemüse (300 g)
1 l Wasser mit Hefebrühwürfel
Petersilie, evtl. tiefgefroren

Wasser zum Kochen bringen, die Brühe darin auflösen, das unaufgetaute Suppengemüse hineingeben, aufkochen lassen und 10—12 Minuten weiterköcheln lassen. Anrichten und mit Petersilie bestreuen.

Buchweizen-Suppe

4 Portionen · je E 4 g, F 10 g, KH 22 g, Kal. 200, Joule 800

110 g Buchweizen
1 l Gemüsebrühe
30 g Pflanzenöl
150 g Zwiebel
Muskat
Salz
Selleriepulver
Oregano
Pfeffer
Knoblauchpulver
20 g geriebener Käse

Buchweizen grob schroten und in Gemüsebrühe ca. 1 Stunde einweichen.
Pflanzenöl erhitzen, die geschnittene Zwiebel darin andünsten. Mit dem Buchweizenbrei angießen und ca. 25 Minuten garen. Mit geriebener Muskatnuß, Salz, Selleriepulver, Oregano, Pfeffer, Knoblauchpulver abschmecken.
In Suppentassen verteilen und mit Käse und Schnittlauch bestreuen.

Schrotsuppe mit Lauch

4 Portionen · je E 2 g, F 4 g, KH 14 g, Kal. 100, Joule 400

20 g ungehärtete Pflanzenmargarine
1 mittelgroße Zwiebel
60 g grob geschroteter Weizen
1 l Wasser
1 Stange Lauch
1 TL Hefebrühe (aus dem Glas)
Salz, Pfeffer
Majoran
1 Bund gehackte Petersilie

Fett erhitzen, Zwiebelwürfel und Weizenschrot darin andünsten und mit Wasser aufgießen. Den in Ringe geschnittenen Lauch ebenfalls zugeben und ca. 20—25 Minuten bei kleiner Flamme garen. Mit Hefebrühe, Salz, Pfeffer, Majoran abschmecken und mit viel Petersilie bestreuen.

Frühlingssuppe

4 Portionen · je E 7 g, F 10 g, KH 17,5 g, Kal. 173, Joule 666

20 g Pflanzenmargarine
1 kleingeschnittene Zwiebel
100 g Kartoffeln
250 g frischer Spinat
¾ l Gemüsebrühe oder Hefebrühe
Meersalz
Pfeffer
etwas Zitronensaft
½ Knoblauchzehe
1 EL (20 g) Mehl (Typ 1050)
2 Becher Sanoghurt
3—4 EL gemischte Kräuter, gehackt

Zwiebelwürfel, die geriebenen Kartoffeln und den feingeschnittenen Spinat kurz andünsten und mit Gemüsebrühe aufkochen lassen. Abschmecken mit Salz, Pfeffer, Knoblauch (zerdrückt) und Zitronensaft. Nochmals aufkochen lassen und mit wenig Mehl binden. 2 Becher Sanoghurt zugeben (4 EL zurückbehalten), gut umrühren. Die gehackten Kräuter und je 1 EL Sanoghurt vor dem Servieren in die Suppentassen geben.
Die Suppe wird warm gegessen und ist vorzüglich als Sommermahlzeit am Abend geeignet.

Einfache Graupensuppe

4 Portionen · je E 2 g, F 6 g, KH 20 g, Kal. 145, Joule 580

30 g Pflanzenmargarine
1 Zwiebel
1 kleine Stange Lauch
80—100 g Gerstengraupen
1 l Wasser
1 Möhre (ca. 100 g)
Salz
Pfeffer
Muskat
gekörnte Brühe

Pflanzenmargarine erhitzen, kleingeschnittene Zwiebel und Lauch darin andünsten. Ebenfalls die Graupen. Die Möhren in Würfel schneiden.

Mit Wasser aufgießen und ca. 20—30 Minuten kochen lassen. Mit Gewürzen abschmecken.

Grünkern-Suppe ×

4 Portionen · je E 4 g, F 4 g, KH 30 g, Kal. 180, Joule 720

75—100 g Grünkern
oder Grünkern-Schrot
20 g Butter
150 g Zwiebel
(1 mittelgroße)
250 g Kartoffeln
1 l Gemüsebrühe
1 Lorbeerblatt
Salz, Pfeffer
2 Bund Petersilie

Die Butter leicht erhitzen. Die kleingeschnittene Zwiebel und die gewürfelten Kartoffeln darin andünsten und mit der erhitzten Brühe angießen. Lorbeerblatt zugeben, ebenfalls die Gewürze und die grob geschroteten Grünkerne. Ca. 40 Minuten bei kleiner Flamme garen. Die gehackte Petersilie kurz vor dem Servieren zugeben. Nochmals nachschmekken.

Hirsesüppchen ×

4 Portionen · je E 3 g, F 8 g, KH 20 g, Kal. 175, Joule 700

30 g Pflanzenöl
100 g Möhren
100 g Hirse
1 Petersilienwurzel
1 l Wasser
1 TL Hefeextrakt
Salz
Pfeffer

Pflanzenöl erhitzen, die kleingeschnittene Petersilienwurzel und die gewürfelten Möhren darin andünsten. Mit Wasser aufgießen. Mit Hefeextrakt würzen und die gewaschene Hirse zugeben. Ca. 20—30 Minuten bei kleiner Flamme kochen lassen. Mit wenig Salz und weißem Pfeffer abschmekken.

Kartoffelsuppe

4 Portionen · je E 5 g, F 7 g, KH 22 g, Kal. 180, Joule 756

400—500 g Kartoffeln
1 l Gemüsebrühe
100 g Zwiebel
(1 mittelgroße)
100 g Lauch
10 g ungehärtete
Margarine
Salz
Pfeffer
Majoran
1 Eigelb
50—100 ccm Milch
20 g Mandelstifte
(1 EL)

Die Kartoffeln schälen und kleinschneiden. In der Brühe weich kochen und im Mixer pürieren. Zwiebel und Lauch in kleine Würfel schneiden und in der Margarine andünsten. Zu der Suppe geben und gut abschmecken. Eigelb mit der Milch verrühren und die Suppe damit legieren. Zum Schluß mit den Mandelstiften bestreuen.

Kalte Suppen — gesund und erfrischend

Gazpacho

4 Portionen · je E 8 g, F 9 g, KH 8 g, Kal. 149, Joule 626

300 g Tomaten
(ca. 6 Stück)
1 Paprikaschote
½ Salatgurke
1 große Zwiebel
Kräutersalz
Cayennepfeffer
½ Knoblauchzehe
(zerdrückt)
4 TL Kaltpreßöl
(20 g)
2 EL Obstessig
(20 g)
400 ml Buttermilch
Schnittlauch
2 hartgekochte,
gewürfelte Eier

Tomaten, Paprika, Gurke und Zwiebel sehr klein schneiden. Mit Kräutersalz, Cayennepfeffer und Knoblauch würzen. Mit

Pflanzenöl und Obstessig beträufeln und eine Stunde kalt stellen. Vor dem Servieren mit Buttermilch vermengen, mit Schnittlauch und Ei garnieren.

Griechische Gurkensuppe

4 Portionen · je E 9 g, F 3 g, KH 4 g, Kal. 95, Joule 399

1 l kalte Gemüsebrühe
200 g Magerquark
500 g Salatgurke
(1 Stück)
1 Knoblauchzehe
1 kleine Zwiebel
Salz
Pfeffer
Cayennepfeffer
2 Bund Dill

Die Brühe mit dem Quark verquirlen. Von der Gurke einige dünne Scheiben abschneiden, die restliche Gurke grob raspeln. Die Knoblauchzehe zerdrücken, die Zwiebeln reiben und alles unter die Suppe mischen. Abschmecken und den gehackten Dill untermischen. In Teller oder Tassen füllen, gut kühlen und mit den Gurkenscheiben garnieren.

Buttermilch-Kaltschale

4 Portionen · je E 11 g, F 2 g, KH 31 g, Kal. 185 g, Joule 777

1 l Buttermilch
Schale von ½ Zitrone
2 EL Honig
etwas Vanille
50 g geriebenes
Schwarzbrot oder
Pumpernickel
50 g Rosinen

Die Buttermilch mit dem Schneebesen gut durchschlagen. Abschmecken mit Zitronenschale, Honig und Vanille. Das geriebene Brot und die zuvor eingeweichten Rosinen hinzugeben. Die Kaltschale gut gekühlt servieren.

Holundersuppe mit Grießklößchen

4 Portionen · je E 8 g, F 2 g, KH 46 g, Kal. 255, Joule 1020

½ l Wasser
50 g Trockenpflaumen
20 g Trockenbirnenhälften
Zimt
½ l Holunderbeersaft
Saft und Schale von
1 Zitrone
2 EL Honig

Klöße:
200 ml Milch
10 g Butter
1 P. Vanillezucker
80 g Vollweizengrieß
1 Ei
1 l Wasser

Die kleingeschnittenen Trockenfrüchte ca. 10 Minuten in kochendem Wasser garen. Mit Saft aufgießen und mit Honig süßen.
Für die Klößchen die Milch zum Kochen bringen, Butter, Salz, Zucker und Grieß zugeben und 15—20 Minuten quellen lassen. Das Ei unterziehen, nochmals aufkochen und mit Hilfe von 2 Teelöffeln kleine Klöße abstechen. Diese ca. 10 Minuten in kochendem Salzwasser gar ziehen lassen und abgekühlt in der Suppe servieren.

Trockenobst-Kaltschale

4 Portionen · je E 1 g, F 0 g, KH 24 g, Kal. 101, Joule 424

125 g Trockenobst
1 l Wasser
1 EL Zucker
Schale von 1 Zitrone
1 gestr. TL Speisestärke

Das Trockenobst (Apfel, Aprikosen, Birnen, Pflaumen) über Nacht in Wasser einweichen. Das Einweichwasser mit Obst, Zucker und der Zitronenschale zum Kochen bringen und alles bei milder Hitze weichkochen. Die Stärke in kaltem Wasser anrühren, damit die Kaltschale binden und nochmals kurz aufkochen. Kühl servieren!

Variante: Wird die Flüssigkeit um die Hälfte reduziert, kann die Kaltschale auch als Kompott verwendet werden.

Leckere Saucen

Ähnlich wie mit den Gewürzen ist es auch mit den Saucen. Sie sollten den Eigengeschmack eines Gerichtes nicht überdecken, sondern nur heben oder verfeinern. Aus diesem Grunde spielten Saucen in der feinen Küche schon immer eine sehr große Rolle, und jeder Koch kann bei Saucenzubereitungen sein Können demonstrieren. Man ist heute etwas abgekommen von den klassischen, sehr kalorienreichen, kompakten Rezepturen und bevorzugt einfachere, leichtere und klare Saucen.

Helle Grundsauce

4 Portionen · je E 2 g, F 10 g, KH 7 g, Kal. 127, Joule 533

40 g Kaltpreßöl (4 EL)
3 EL (30 g) Mehl
(Typ 1050 oder leicht ausgesiebtes Vollkornmehl)
½–¾ l Flüssigkeit
(Gemüsebrühe, Hefebrühe oder halb Wasser, halb Milch)
1 Lorbeerblatt
Hefestreuwürze
Salz
1 Prise Zucker
~~1 Schuß Sahne~~
evtl. etwas Zitronensaft

Öl mit Mehl und Magermilchpulver verrühren. Mit der Flüssigkeit aufgießen und unter Rühren zum Kochen bringen. Das Lorbeerblatt zugeben, ebenso die übrigen Gewürze. Zum Schluß die Sahne und evtl. etwas Zitronensaft unterrühren. Diese Grundsauce kann beliebig mit Kräutern und Gewürzen abgewandelt und bereichert werden.

Dillsauce

2 Bund Dill sehr fein geschnitten zu der Grundsauce geben. Mit Zitronensaft abschmecken und nicht mehr aufkochen.

Senfsauce

2 EL Senf (mittelscharf) zu der Grundsauce geben, mit etwas Apfeldicksaft und evtl. 1 Schuß Essig abschmecken.

Paprikasauce

1 TL Paprika edelsüß und 1 Messerspitze Paprika scharf zu der Grundsauce geben und mit 1 Eigelb legieren.

Curry-Mango-Sauce

1 EL Curry und 2—3 EL gehackten Mangochutney zu der Grundsauce geben. Kurz aufkochen lassen und mit Zitronensaft abschmecken.

Kapernsauce

1—2 EL Kapern zu der Sauce geben. Kurz aufkochen lassen und mit ~~1 Eigelb legieren~~.

Knoblauchsauce

3—4 zerdrückte Knoblauchzehen zu der Grundsauce geben und mit Provence-Kräutern abschmecken.

Meerrettichsauce

2 EL geriebenen Meerrettich (evtl. aus dem Glas) zu der Grundsauce geben. Evtl. mit 1 geriebenem Apfel oder 1 EL Apfeldicksaft abschmecken.

Käsesauce

4 Portionen · je E 8 g, F 17 g, KH 8 g, Kal. 220, Joule 924

4—5 EL (ca. 100 g) geriebenen Käse (Gouda, Emmentaler oder Parmesan) zu der Grundsauce geben, nochmals aufkochen lassen und mit 1 Schuß Weißwein abschmecken.

Champignonsauce

4 Portionen · je E 3 g, F 9 g, KH 7 g, Kal. 121, Joule 508

250 g frische Champignons
Saft von ½ Zitrone
1 große Gemüsezwiebel (200 g)
30 g Kaltpreßöl (3 EL)
¼ l Gemüsebrühe
Salz, Pfeffer
10 g Hefeflocken (1 EL)
1 Schuß Weißwein
½ Becher saure Sahne 10 % F, (60 ccm)
1 Bund Petersilie

Die Champignons putzen, blättrig schneiden und mit Zitronensaft beträufeln. Zwiebel schälen und in feine Würfel schneiden oder, noch besser, reiben (sie hat dann eine bessere Bindefähigkeit). Zusammen in heißem Öl leicht andünsten und mit der Brühe aufgießen.
Abschmecken mit Salz, Pfeffer, Hefeflocken und 1 Schuß Weißwein. Zum Schluß die saure Sahne unterziehen und die gehackte Petersilie darüberstreuen.

Tomatensauce

4 Portionen · je E 2, F 5 g, KH 8 g, Kal. 90, Joule 378

500—700 g Tomaten
20 g Olivenöl (2 EL)
100 g Zwiebeln
evtl. 20 g Tomatenmark (2 EL)
½ l Brühe
Majoran
Basilikum
Salz, Pfeffer
1 Prise Zucker
1 Schuß Sherry

Tomaten in heißes Wasser geben und die Schale abziehen. Öl erhitzen und die geriebene Zwiebel darin kurz andünsten. Das Tomatenmark und die abgezogenen Tomaten zugeben und mit der Brühe aufgießen. Ca. 10 Minuten durchkochen lassen (die Tomaten zerfallen dann). Durchpassieren und mit Gewürzen und dem Sherry abschmecken.

Kalte Saucen

Frankfurter Grüne Sauce

4 Portionen · je E 16 g, F 15 g, KH 8 g, Kal. 240, Joule 960

250 g Magerquark
1—2 Becher saure Sahne
3 EL Mayonnaise
1 TL Senf
1 TL Zucker
5—10 EL je nach Geschmack gehackte Kräuter
½ kleingeschnittener Apfel
2 hartgekochte Eier
2 EL gehackte Zwiebel (je nach Verträglichkeit)
Pfeffer
Salz
etwas Zitronensaft

Quark mit saurer Sahne und Senf glattrühren. Kräuter, Apfel, Zwiebeln und die gehackten Eier hinzugeben.
Abschmecken mit Pfeffer, Salz und Zitronensaft. Alles vermischen und mit Eischeiben garnieren.

Anmerkung: Typische Saucen-Kräuter wie Borretsch, Kerbel, Liebstöckel, Petersilie, Pimpinelle, Schnittlauch, Sauerampfer und Dill, gibt es vielerorts zusammen abgepackt. Man kann auch tiefgefrorene Kräuter verwenden.

Gorgonzola-Sauce

4 Portionen · je E 10 g, F 8 g, KH 6 g, Kal. 154, Joule 646

200 g körniger Frischkäse
3 EL fettarme Milch
100 g Gorgonzola
Selleriesalz
Meersalz

Frischkäse mit der Milch verrühren. Gorgonzola mit der Gabel zerdrücken, unterrühren und die cremige Sauce würzen, gut kühlen.

Sauce Vinaigrette X

4 Portionen · je E 1 g, F 22 g, KH 5 g, Kal. 225, Joule 945

2 EL Obstessig
1 TL Senf (mild)
Salz
schwarzer Pfeffer
½ TL Apfelsaftkonzentrat
80 g Kaltpreßöl
50 g feingehackte Zwiebeln (2 EL)
5 EL gehackte Kräuter
1 EL gehackte Kapern
2 Essiggurken, gehackt
2 gehackte Eidotter

Essig, Senf, Gewürze und Öl miteinander verrühren. Gehackte Zwiebel, Kräuter, Kapern, Gurken und Eidotter zugeben. Nochmals abschmecken (evtl. 2 EL Wasser zugeben).

Knoblauchsauce »Aïoli«

4 Portionen · je E 4 g, F 11 g, KH 5 g, Kal. 131, Joule 550

2 Becher Joghurt 3,5 % F
2—3 EL Mayonnaise
Salz, Pfeffer
1 Prise Zucker
etwas Zitronensaft
6—8 Knoblauchzehen
1 Bund Dill

Joghurt mit Mayonnaise gut verrühren. Abschmecken mit Salz, Pfeffer, Zucker und Zitronensaft. Die geschälten Knoblauchzehen in die Sauce hineindrücken (Knoblauchpresse), zusammen mit dem Dill unterrühren.

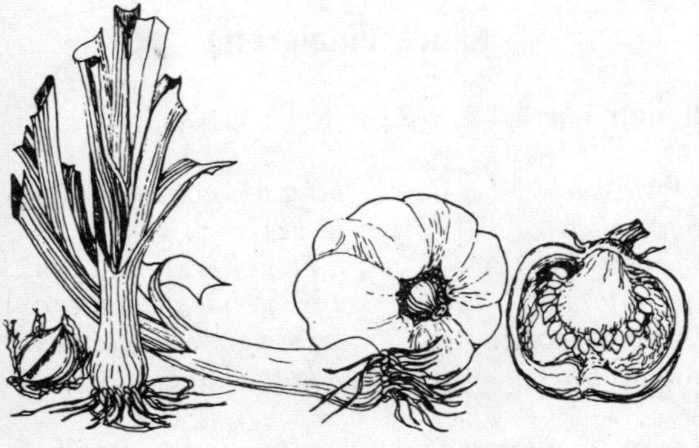

Gemüse von A—Z

Im Gegensatz zu früher können wir heute viele Gemüsearten das ganze Jahr über kaufen. Aus allen Teilen der Erde kommen sie zusätzlich zu unserer eigenen Ernte zu uns. Was vor einigen Jahren noch Luxus war, ist heute zur Selbstverständlichkeit geworden: Gemüse gehört wie Obst zur täglichen Nahrung.
Gemüse schmeckt nicht nur gut, es ist vor allem Träger wichtiger, unentbehrlicher Nährstoffe. Die Kohlenhydrate des Obstes, Frucht- und Traubenzucker, werden direkt in die Blutbahn aufgenommen und sind deshalb schnelle Energiespender. Kohlenhydrate von Gemüse dagegen brauchen zu ihrem Abbau länger und gelangen nicht so schnell ins Blut. Für *Übergewichtige* und *Diabetiker* ist dies von Vorteil. Deshalb spielt Gemüse hier eine noch größere Rolle.
Zellulose, die Gerüstsubstanz von Gemüse, ist von wesentlicher Bedeutung. Sie ist zwar nicht verdaulich, regt aber durch den mechanischen Reiz auf die Darmwand die Verdauungsvorgänge an.
Gemüse trägt auch maßgeblich zur Vitamin- und Mineralstoffversorgung bei. An Vitaminen finden wir vor allem Vitamin A, C und die Vitamine der B-Gruppe. An Mineralstoffen enthält es Kalium, Calcium, Phosphor, Eisen und Magnesium, um nur einige zu nennen.
Der Kaloriengehalt von frischem Gemüse ist sehr gering: Man kann viel essen und schont trotzdem die Taille.
Zu beachten ist allerdings, daß Gemüse niemals zu lange gegart werden soll. Die günstigsten Garungsarten sind Dämpfen, Dünsten und Garen ohne Wasser und Fett.

Artischocken

1 Artischocke enthält
ca. E 5 g, F 1—2 g, KH 24 g, Kal. 120, Joule 504

Pro Person 1 Artischocke

Den Stiel abschneiden und die Artischocke gut waschen. In Salzwasser mit 2 Zitronenscheiben ca. 30—40 Minuten kochen (wenn sich die Blätter leicht lösen, ist die Artischocke gar).
Dann wird sie auf einem Teller serviert, jedes Blatt wird in Sauce gedippt (entweder Sauce Vinaigrette, Sauce Aïoli, Meerrettich- oder Senfsauce) und ausgelutscht.
Der Boden wird mit Besteck gegessen, ebenfalls mit reichlich Sauce.

Gefüllte Auberginen

4 Portionen · je E 4 g, F 6 g, KH 11 g, Kal. 115, Joule 483

2 Auberginen (mittlere Größe)
2 mittelgroße Zwiebeln
1 Dose Pilze
20 g Olivenöl (2 EL)
Vollmeersalz
schwarzer Pfeffer
Hefewürze
Majoran
Liebstöckel
20 g Emmentaler

Auberginen waschen und aushöhlen. In einer Pfanne mit etwas Flüssigkeit dünsten (ca. 10 Minuten). Das Innere der Auberginen, die Zwiebeln und die Pilze kleinschneiden und in Öl andünsten. Gut abschmecken und in die vorgedünsteten Auberginen füllen.
Mit Käsestreifen belegen und in einer gefetteten Auflaufform nochmals 15 Minuten bei 200 Grad (Stufe 2—3) überbacken.

Ratatouille X

4 Portionen · je E 8 g, F 14 g, KH 23 g, Kal. 244, Joule 1025

Ca. 500 g Paprikaschoten (3 Stück)
ca. 600 g Auberginen (3 Stück)
ca. 300 g Zucchini (3 Stück)
200 g Tomaten (4 Stück)
40 g Olivenöl
Zwiebel (1 mittelgroße)
1 Knoblauchzehe
Vollmeersalz
Pfeffer
Majoran oder Basilikum
1 Lorbeerblatt
gehackte Petersilie
~~50 g Reibkäse zum Bestreuen~~

Auberginen (evtl. schälen), der Länge nach halbieren und in Würfel schneiden. Tomaten evtl. abziehen und achteln. Paprikaschoten entkernen und in feine Streifen schneiden.
Gehackte Zwiebel und zerdrückte Knoblauchzehe in heißem Öl andünsten, Gemüse, Vollmeersalz, Lorbeerblatt dazugeben und den Eintopf auf kleiner Flamme ca. 15 Minuten garen. Die Masse mit den übrigen Gewürzen abschmecken, in eine feuerfeste Form füllen, mit Käse überstreuen und bei ca. 200 Grad (Stufe 2—3) 10—15 Minuten goldgelb überbacken.
Als Beilage schmeckt Risotto aus Naturreis.

Überbackener Bleichsellerie

4 Portionen · je E 12 g, F 23 g, KH 14 g, Kal. 343, Joule 1063

750 g Bleichsellerie
etwas Salz
½ l Wasser
4 EL Mehl (40 g)
3 EL Kaltpreßöl
Hefewürze
Vollmeersalz
1 Ecke Schmelzkäse
45 % F. i. Tr.
2 Eigelb
50 g geriebener
Käse
1 Tomate

Geputzte Selleriestücke in wenig Wasser ca. 8 Minuten garen, dann abtropfen lassen.
Mehl mit Öl in einem Topf kalt binden und mit der Gemüsebrühe aufkochen lassen. Den Schmelzkäse hinzugeben, mit Hefewürze und Salz abschmecken. Mit Eigelb legieren.
Selleriestücke in eine ausgefettete, feuerfeste Form geben und mit der Sauce übergießen. Den geriebenen Käse darüberstreuen und mit Tomatenscheiben garnieren.
Bei 220 Grad (Stufe 3—4) ca. 20 Minuten überbacken.
Beilage: Petersilienkartoffeln oder Kartoffelnestchen.

Blumenkohl überbacken

4 Portionen · je E 11 g, F 11 g, KH 12 g, Kal. 175, Joule 735

1 großer Blumenkohl
(ca. 800 g)
Vollmeersalz
Saft von ½ Zitrone
20 g Pflanzenmargarine
20 g Mehl (Typ 1050)
¼ l Milch
Vollmeersalz
Pfeffer
1 Prise Zucker
Zitronensaft
1—2 Eigelb
50 g geriebener Käse
1 Tomate

Blumenkohl putzen, waschen und in Salzwasser mit Zitrone ca. 20 Minuten garen.

Pflanzenmargarine erhitzen, Mehl darin leicht »anschwitzen«, mit Milch angießen und zum Kochen bringen. Die Sauce mit Vollmeersalz, Pfeffer, Zucker und Zitronensaft abschmekken und mit Eigelb legieren.
Den Blumenkohl abtropfen lassen, in eine ausgefettete Auflaufform geben und mit der Sauce übergießen.
Mit Käse bestreuen und ca. 15 Minuten bei 220 Grad (Stufe 3—4) überbacken. Mit Tomatenscheiben garnieren.

Blumenkohl mit Sauce Vinaigrette

4 Portionen · je E 10 g, F 17 g, KH 9 g, Kal. 234, Joule 982

1 großer Blumenkohl (ca. 800 g)
Zitronensaft
3 Eier
2 kleine Zwiebeln
je 3 EL gehackte Petersilie und Dill
3 EL geschnittener Schnittlauch
3 kleine Gewürzgurken
3—5 EL Obstessig
50 g Pflanzenöl (5 EL)
3—4 EL Wasser
Saft von ½ Zitrone
Pfeffer aus der Mühle
etwas Senf
Zucker
Vollmeersalz

Den Blumenkohl putzen, waschen und in Salzwasser mit Zitronensaft ca. 20 Minuten garen.
Eier 10 Minuten hart kochen und nach dem Abkühlen kleinhacken. Mit gehackten Zwiebeln, den gehackten Kräutern und übrigen Zutaten zu einer Sauce verrühren und über den abgetropften Blumenkohl gießen.

Grüne Bohnen

4 Portionen · je E 4 g, F 5 g, KH 12 g, Kal. 110, Joule 426

600—800 g grüne Bohnen
20 g Kaltpreßöl (2 EL)
1 kleine Zwiebel (50 g)
Brühe oder Wasser
Bohnenkraut
Hefewürze
Vollmeersalz
Pfeffer

Die Bohnen waschen und putzen. Die gehackte Zwiebel in Fett leicht glasig dünsten. Die Bohnen zugeben, mit etwas Flüssigkeit angießen. Ca. 20 Minuten garen lassen und mit Bohnenkraut, Hefewürze, Vollmeersalz und Pfeffer abschmecken.

Bohnen-Paprika-Gemüse

4 Portionen · je E 4 g, F 5 g, KH 11 g, Kal. 110, Joule 462

1 mittelgroße Zwiebel (100 g)
20 g Kaltpreßöl (2 EL)
250 g rote Paprika (2—3 Stück)
500 g Wachsbohnen
1 Tasse Gemüsebrühe
Salz, Pfeffer
Bohnenkraut
1 EL Paprika edelsüß
1 Bund Petersilie

Zwiebel schälen, in Scheiben oder Würfel schneiden und in Öl andünsten. Geputzte, in Streifen geschnittene Paprikaschoten und in Stücke geschnittene Bohnen zugeben und kurz andünsten. Mit der Gemüsebrühe aufgießen, würzen und ca. 15—20 Minuten dünsten. Nochmals nachschmekken und mit frisch gehackter Petersilie bestreuen.

Gedünsteter Broccoli

4 Portionen · je E 9 g, F 10 g, KH 11 g, Kal. 190, Joule 798

1 kg Broccoli
1 Knoblauchzehe
40 g Kaltpreßöl
Salz, Pfeffer
5 EL trockener Weißwein

Broccoli vorbereiten und waschen. Knoblauch schälen und hacken. Knoblauch in erhitztem Pflanzenöl andünsten, Broccoli und sehr wenig Wasser zugeben. Bei geschlossenem Deckel ca. 15 Minuten dünsten. Dann mit Vollmeersalz, Pfeffer und Wein abschmecken.

Broccoli mit Haselnußbutter

4 Portionen · je E 8 g, F 10 g, KH 11 g, Kal. 190, Joule 798

ca. 800 g Broccoli
evtl. 1 Knoblauchzehe
Vollmeersalz
schwarzer Pfeffer
5 EL trockener Weißwein
30 g Butter
20 g grob gehackte Haselnüsse

Broccoli waschen, Knoblauch schälen und hacken. Broccoli in sehr wenig Flüssigkeit andünsten. Die Gewürze, den Knoblauch und den Wein zugeben und insgesamt ca. 15 Minuten dünsten.
Nicht zu kalte Butter leicht salzen und mit den Haselnüssen vermischen. Kalt stellen und portionsweise auf den Broccoli geben.

Broccoli mit Käse überbacken

4 Portionen · je E 19 g, F 11 g, KH 11 g, Kal. 225, Joule 945

Ca. 800 g Broccoli
3 Eier
ca. 100 ml Milch
(1 Tasse)
Muskat
Salz, Pfeffer
100 g geriebener Käse
40 % F. i. Tr.

Broccoli vorbereiten und in wenig Salzwasser ca. 20 Minuten dünsten oder dämpfen. Gut abtropfen lassen und in eine feuerfeste Glasschüssel geben.
Eier mit Milch und Gewürzen verquirlen und über die Broccoli geben. Mit geriebenem Käse bestreuen und bei 200 Grad (Stufe 3) ca. 20 Minuten überbacken. Die Eiermilch muß gestockt sein.

Champignons gedünstet

4 Portionen · je E 8 g, F 8 g, KH 11 g, Kal. 141, Joule 592

Ca. 1 kg Champignons
Saft von 1 Zitrone
1 mittelgroße Zwiebel
30 g Kaltpreßöl
Salz, Pfeffer
Hefeextrakt
Saft von 1 Zitrone
1 Bund Petersilie

Champignons vorbereiten (wenn vorhanden, weiche Stiele und Wurzeln abschneiden) und sehr sorgfältig in stehendem Wasser waschen. Gut abtropfen lassen und große Köpfe ein- bis zweimal durchschneiden. Mit Zitronensaft beträufeln.
Die Zwiebel schälen, würfeln und in heißem Öl glasig werden lassen. Die Champignons zugeben (damit sie nicht matschen, möglichst in einer großen Pfanne zubereiten, die sich bildende Flüssigkeit verdunstet schneller).
Ca. 15 Minuten garen, mit Salz, Pfeffer und Zitronensaft abschmecken. Mit gehackter Petersilie bestreuen.

Chicorée »indisch«

4 Portionen · je E 4 g, F 10 g, KH 15 g, Kal. 163, Joule 644

800—1000 g Chicorée
Saft von 1 Zitrone
Salz
1 Prise Zucker
1 kleine Zwiebel
20 g Kaltpreßöl
1 EL Curry
10 g Mehl (1 EL)
⅛ l Wasser oder Gemüsebrühe
Salz
Pfeffer
20 g Rahm
40 g Kokosraspeln (4 EL), geröstet

Chicorée putzen, halbieren und den bitteren Keil herausschneiden. Mit Zitronensaft beträufeln und mit Salz und Zukker in wenig Wasser garen.
Zwiebel in Öl glasig dünsten. Curry und Mehl zugeben, verrühren und mit der Brühe aufgießen. Unter Rühren zum Kochen bringen. Mit Salz, Pfeffer und Rahm abschmecken. Das abgetropfte Gemüse auf eine Platte geben, mit der Soße übergießen und die goldgelb gerösteten Kokosraspeln darüberstreuen.

Chicorée gratiniert

4 Portionen · je E 4 g, F 7 g, KH 4 g, Kal. 107, Joule 449

750 g Chicorée
10 g Kaltpreßöl (1 EL)
Saft von ½ Zitrone
2 EL Weißwein
1 Prise Salz
1 Prise Zucker
Fett für die Form
50 g geriebener Käse
45 % F. i. Tr.

Chicorée vorbereiten und waschen. Von der Spitze nach unten teilen und evtl. den bitteren Keil ausschneiden. Mit Zitronensaft beträufeln und zum Dünsten mit etwas Wasser und Weißwein in eine Grillpfanne oder in einen großen flachen Topf geben. Ca. 10—15 Minuten bei kleiner Flamme garen. Dann das Pflanzenöl dazugeben und mit Salz und Zucker abschmecken. Das Gemüse abtropfen lassen, in eine ausgefettete Auflaufform geben und mit Käse bestreuen. Ca. 10 Minuten bei 240 Grad (Stufe 5) im Backofen gratinieren.

Erbsen »bäuerlich« X

4 Portionen · je E 13 g, F 4 g, KH 57 g, Kal. 335, Joule 1407

500 g Erbsen
300 g Zwiebeln
600 g Kartoffeln
300 g Karotten
20 g Pflanzenmargarine
300 ccm Gemüsebrühe
Vollmeersalz, Pfeffer
1 Prise Zucker

Erbsen in Salzwasser garen. Zwiebeln, Kartoffeln und Karotten schälen und in Würfel schneiden. In Pflanzenmargarine andünsten. Brühe zugießen und 20 Minuten garen. Dann würzen. Die Erbsen hinzugeben, zusammen nochmals erhitzen und nachwürzen.
Mit Sojaprodukten wie z. B. Sojawürstchen (Reformhaus) ist dieses Gericht ein Beispiel für ein vegetarisches Essen.

Fenchel-Tomaten-Gemüse

4 Portionen · je E 3 g, F 6 g, KH 23 g, Kal. 170, Joule 714

800 g Fenchel
(ca. 3—4 Knollen)
100 g Zwiebeln
(1 Gemüsezwiebel)
250 g Tomaten (4 Stück)
20 g Kaltpreßöl
(2 EL)
Vollmeersalz
Pfeffer
Muskat

Den Fenchel waschen, Stiele abschneiden und die äußeren Blätter evtl. entfernen (Fenchelgrün bitte zurückhalten und kleingeschnitten zum Schluß auf das Gemüse geben).
Zwiebel schälen und vierteln, ebenfalls die enthäuteten Tomaten.
Fenchel und Zwiebeln ca. 15 Minuten in wenig Flüssigkeit und Pflanzenöl dünsten. Dann die Tomaten vierteln und dazugeben. Nochmals 5 Minuten garen. Abschmecken mit Vollmeersalz, Pfeffer und Muskat. Mit Fenchelgrün bestreuen.

Fenchel gedünstet

4 Portionen · je E 5 g, F 5 g, KH 22 g, Kal. 170, Joule 714

800—1000 g Fenchel
(4—5 Knollen)
20 g Kaltpreßöl (2 EL)
etwas Wasser
1/10 l Weißwein
Salz
Hefestreuwürze
Pfeffer
Fenchelgrün

Fenchelknollen putzen, halbieren und in Öl, Wasser und Weißwein ca. 15—20 Minuten dünsten. Abschmecken mit Salz, Hefewürze und Pfeffer. Mit Fenchelgrün bestreuen.
Das Gemüse kann auch in einer feuerfesten Auflaufform mit 50—100 g Käse überbacken werden.

Gurken mit Reisfülle

4 Portionen · je E 7 g, F 9 g, KH 25 g, Kal. 220, Joule 924

2 Salatgurken
Vollmeersalz
Pfeffer
80—100 g Naturreis
20 g Kaltpreßöl
1 mittelgroße Zwiebel
1 kleine Dose Champignons
50 g veget. Paste
(2 Portionsdöschen)
1 Ei
1 Bund gehackte Petersilie
Salz
2 EL Tomatenmark
Pfeffer
Majoran
evtl. 30 g geriebener Käse 40 % F. i. Tr.

Die Spitzen der Gurken abschneiden und sie der Länge nach halbieren. Mit einem Teelöffel das Innere aushöhlen und ca. 10 Minuten in wenig Salzwasser dünsten. Reis in sprudelndem Salzwasser ca. 30 Minuten kochen und abtropfen lassen. Mit der gehackten, in Pflanzenöl angedünsteten Zwiebel und den gehackten Champignons vermischen.
Die vegetarische Paste in die noch warme Masse einarbeiten. Dann das Ei, die Petersilie, Tomatenmark und die Gewürze zugeben. Die Masse sehr pikant abschmecken und in die Gurkenhälften vorsichtig hineindrücken.
Evtl. mit geriebenem Käse leicht bestreuen und in Alufolie bei 220 Grad (Stufe 3—4) ca. 30 Minuten überbacken.

Gurkengemüse X

4 Portionen · je E 2 g, F 5 g, KH 5 g, Kal. 80, Joule 320

Ca. 600 g Gurken
(1 Salatgurke)
20 g ungehärtete Pflanzenmargarine
Meersalz
Hefewürze, körnig
4 EL Tomatenmark
2 Knoblauchzehen
Majoran
Thymian
1 Prise Zucker

Gurken schälen, der Länge nach durchschneiden und in 2 cm breite Scheiben schneiden. In Pflanzenfett andünsten und würzen. Mit sehr wenig Flüssigkeit aufgießen, und ca. 15 Minuten garen.
Tomatenmark mit zerdrücktem Knoblauch und den Gewürzen mischen und zu dem Gurkengemüse geben.

Kohl auf westfälische Art X

4 Portionen · je E 3,5 g, F 10 g, KH 24 g, Kal. 209, Joule 879

800—1000 g Weißkohl
30 g Kaltpreßöl
300 g säuerliche Äpfel
(3 Stück)
1 rohe Kartoffel
Salz
Pfeffer
1 Schuß Obstessig
Apfeldicksaft
Kümmel

Weißkohl putzen, waschen und nicht zu fein hobeln oder schneiden. Öl im Topf erhitzen und den Kohl darin andünsten. Mit 1 Tasse Wasser aufgießen und würzen.
Die geachtelten Äpfel zugeben und ca. 20 Minuten garen (die Äpfel sollten zerfallen).
Die rohe Kartoffel hineinreiben und noch einmal bei kleiner Flamme ca. 10 Minuten durchziehen lassen. Mit Vollmeersalz, Pfeffer, Essig, Apfeldicksaft und Kümmel abschmecken.

Kohlrouladen mit Sojafülle

4 Portionen · je E 19 g, F 8 g, KH 26 g, Kal. 264, Joule 1168

1 mittelgroßer Weißkohlkopf
Salz
100 g Sojagranulat (Trockengewicht)
Brühe
1 kleine Zwiebel
2 Eier
40 g Vollkornbrösel (4 EL)
Pfeffer
Paprika
Majoran
Knoblauchpulver
20 g Kokosfett
1 Tasse Hefebrühe

Evtl. äußere Weißkohlblätter entfernen und den dicken Strunk herausnehmen. Kohlblätter ca. 5—10 Minuten blanchieren. Je zwei bis drei Blätter schuppenartig übereinanderlegen.
Füllung: Sojagranulat nach Gebrauchsanweisung einweichen und 10 Minuten in pikanter Brühe quellen lassen. Mit Ei, Bröseln und den Gewürzen verkneten. Die Masse zu Laibchen formen, auf die Kohlblätter legen, diese fest aufrollen und mit einem Bindfaden zusammenbinden. In heißem Kokosfett von allen Seiten anbraten und mit Hefebrühe aufgießen. Bei geschlossenem Deckel noch ca. 30 Minuten gar schmoren.
Als Beilage Tomaten- oder Sahnesoße mit Kartoffelbrei.

Rotkohl »süß-säuerlich« X

4 Portionen · je E 3 g, F 12 g, KH 21 g, Kal. 230, Joule 966

1 kg Rotkohl
50 g Pflanzenmargarine
⅛ l Rotwein
4 EL Obstessig
1 Zwiebel
2 Nelken
1 Lorbeerblatt
50 g Johannisbeergelee (2 Portionsdöschen)
Salz, Pfeffer

Rotkohl waschen, fein schneiden oder hobeln und in heißem Öl oder Margarine andünsten. Mit Rotwein aufgießen.

Essig, Nelken und Lorbeerblatt zugeben und die Zwiebel hineinreiben. Ca. 20—25 Minuten garen und mit Johannisbeergelee, Salz und Pfeffer abschmecken.

Gedünsteter Wirsing

4 Portionen · je E 5 g, F 8 g, KH 9 g, Kal. 139, Joule 583

800—1000 g Wirsing
40 g Pflanzenfett
1 Zwiebel
etwas Brühe
Salz
Muskat
Pfeffer

Wirsing vorbereiten — den Strunk entfernen — und in breite Streifen schneiden. Zwiebel schälen, würfeln und in heißem Fett glasig dünsten. Den Kohl zugeben und mit etwas Brühe aufgießen. Ca. 45 Minuten garen und mit Salz, Muskat und Pfeffer abschmecken.

Rosenkohl in Sauce

4 Portionen · je E 9 g, F 12 g, KH 16 g, Kal. 200, Joule 840

600—800 g Rosenkohl
Salzwasser
helle Grundsauce
(Seite 111)

Rosenkohl putzen, waschen und in wenig Flüssigkeit mit etwas Salz ca. 15—20 Minuten dünsten.
Die Sauce herstellen und vorsichtig mit den Röschen vermengen.

Kohlrabi überbacken

4 Portionen · je E 7 g, F 10 g, KH 8 g, Kal. 156, Joule 655

4 mittelgroße Kohlrabi
Fett für die Form
1 Tasse Milch
Salz, Pfeffer
Muskat
Paprikapulver
50—100 g geriebener Parmesankäse
20 g Pflanzenmargarine

Kohlrabi schälen, waschen und kleinschneiden. In wenig Flüssigkeit ca. 10 Minuten dünsten. Dann in eine ausgefettete feuerfeste Form geben, die Milch mit den Gewürzen verquirlen, damit begießen und mit dem Käse bestreuen. Mit Margarineflöckchen belegen und goldgelb überbacken. Dazu passen Rohkostsalate und Kartoffelpüree.

Butterkohlrabi

4 Portionen · je E 2 g, F 3 g, KH 7 g, Kal. 112, Joule 470

4 mittelgroße Kohlrabiknollen (ca. 800 g)
40 g Butter
1 kleine Zwiebel
½ Tasse Hefebrühe
Salz, Pfeffer
Muskat
1 Bund Dill oder Liebstöckel

Kohlrabi putzen (Blättchen aufbewahren), waschen, schälen und in dünne Scheiben oder Stifte schneiden. Butter im Topf schmelzen, die gehackten Zwiebeln darin leicht glasig dünsten. Kohlrabi zugeben und mit wenig Brühe aufgießen. Ca. 10 Minuten bei schwacher Hitze garen. Mit den Gewürzen abschmecken und zum Schluß den gehackten Dill oder Liebstöckel und die feingehackten Blättchen unterheben.

Lauchgemüse, gedünstet X

4 Portionen · je E 2 g, F 5 g, KH 7 g, Kal. 90, Joule 378

600—800 g Lauch
1 Tasse Flüssigkeit
10 g Senfkörner (1 EL)
Vollmeersalz
20 g Kaltpreßöl

Lauch putzen und in Stücke schneiden. Mit der Flüssigkeit und den Senfkörnern ca. 10—15 Minuten dünsten. Abschmecken. Zum Schluß das Pflanzenöl zugeben.

Lauch mit Käsesauce

4 Portionen · je E 7 g, F 10 g, KH 13 g, Kal. 160, Joule 672

800 g Lauch
(3 Stangen)
20 g Kaltpreßöl (2 EL)
20 g Mehl (Typ 1050)
¼ l Flüssigkeit
(½ Milch, ½ Gemüsebrühe)
80 g geriebener Emmentaler Käse
1 Prise Zucker
Pfeffer
Muskat

Lauch waschen, in ca. 3 cm breite Stücke schneiden und in wenig Flüssigkeit gar dünsten. Pflanzenöl mit Mehl in einem Topf verrühren, mit der Lauchbrühe und Milch aufgießen und abschmecken. Die heiße Sauce über die Lauchstücke geben und servieren.

Überbackener Lauch

4 Portionen · je E 10 g, F 10 g, KH 18 g, Kal. 210, Joule 840

Ca. 800 g Lauch
(8 mittlere Stangen)
ca. ½ l Flüssigkeit
zum Dünsten
40 g Kaltpreßöl (4 EL)
40—50 g Mehl (Typ 1050)
Vollmeersalz
Hefewürze
etwas Wein
frische Petersilie,
gehackt
2 Eigelb
Fett für die Form
50 g geriebener Käse

Lauch in Flüssigkeit ca. 10—15 Minuten dünsten. Öl mit Mehl binden, dann mit der Dünstflüssigkeit auffüllen. Gut verrühren und aufkochen lassen. Abschmecken mit Vollmeersalz, Hefewürze, Wein und gehackter Petersilie und dem Eigelb legieren. Lauchstangen in eine gefettete Auflaufform legen. Die Soße darübergießen und mit Käse bestreuen. Bei 220 Grad (Stufe 3—4) ca. 15—20 Minuten überbacken.

Glasierte Maronen

4 Portionen · je E 2 g, F 5 g, KH 28 g, Kal. 168, Joule 705

Ca. 500 g frische Maronen
ca. 1½ l Gemüsebrühe
20 g Butter

Die Maronen auf der Oberfläche einschneiden und auf ein Backblech legen. Bei 220 Grad ca. 10 Minuten backen, danach die Schale und die innere weiße Haut entfernen. Gemüsebrühe erhitzen und die Maronen ca. 20—30 Minuten darin kochen.
Butter in der Pfanne zerlaufen lassen und die sehr heißen abgetropften Maronen darin schwenken.

Möhren, in Öl gedünstet

4 Portionen · je E 2 g, F 5 g, KH 11 g, Kal. 96, Joule 403

600—800 g Möhren
20 g Kaltpreßöl (2 EL)
1 Prise Zucker
Salz
1 Bund Petersilie

Möhren waschen, gut bürsten und evtl. schälen. In Scheiben schneiden und in Öl leicht andünsten. Mit etwas Wasser angießen und ca. 20 Minuten garen. Mit Zucker und Salz abschmecken und mit frisch gehackter Petersilie bestreuen.

Möhren-Püree

Möhren mit 1 Lorbeerblatt und einer halben Zwiebel in Gemüse- oder Hefebrühe weich dünsten.
Durch ein Sieb streichen oder im Mixer pürieren. Dann mit Vollmeersalz, Muskat und 1 Prise Zucker abschmecken.
Möhrenpüree wird besonders gut von magen-, darm- und leber-galle-empfindlichen Menschen vertragen.

Möhrenküchlein

4 Portionen · je E 7 g, F 9 g, KH 16 g, Kal. 270, Joule 1134

400 g Möhren
80 g Weizenmehl
(Typ 1050)
2 Eier
2 EL Weizenkeime
gehackte Petersilie
Dill oder
Liebstöckel
Vollmeersalz
Pfeffer
Hefe-Streuwürze
20 g Kokosfett

Möhren waschen und reiben. Mit Mehl, Eiern und Weizenkeimen mischen. Die gehackten Kräuter und Gewürze untermengen. Kleine Küchlein formen und in Kokosfett oder Pflanzenöl kurz auf beiden Seiten goldgelb backen.
Sie passen gut in die vegetarische Küche zu Gemüseplatten.

Gefüllte Paprikaschoten mit Reis ×

4 Portionen · je E 4 g, F 10 g, KH 28 g, Kal. 228, Joule 957

4 grüne Paprikaschoten
100 g Naturreis
(Rohgewicht)
50 g vegetarische Paste
(2 Portionsdöschen)
20 g Kaltpreßöl
1 mittelgroße Zwiebel
Hefestreuwürze oder
1 EL Hefeflocken
Salz
etwas Gemüsebrühe
Fett für die Form

Paprika in der Mitte teilen. Kerne und Wände herausnehmen, leicht aussalzen und kurz vordünsten. Den Reis in sprudelndem Wasser kochen, abtropfen lassen und mit der vegetarischen Paste vermengen. Zwiebelwürfel in Pflanzenöl goldgelb werden lassen und zusammen mit den Gewürzen zu dem Reis geben. Die Schoten damit füllen und nebeneinander in eine ausgefettete Auflaufform setzen. Mit etwas Flüssigkeit angießen und ca. 30 Minuten bei geschlossenem Deckel garen. Dazu eine Tomatensauce servieren.

Paprikagemüse ×

4 Portionen · je E 4 g, F 5 g, KH 10 g, Kal. 95, Joule 399

600—800 g Paprikaschoten
(ca. 5—6 Stück)
1 mittelgroße Zwiebel
20 g Pflanzenfett
(2 EL)
50 g Tomatenmark
(ca. 4 EL)
Vollmeersalz, Pfeffer
Hefewürze
1 Prise Zucker

Die Paprikaschoten waschen und in Streifen schneiden. Zwiebel schälen und würfeln. In Pflanzenöl leicht andünsten und mit wenig Wasser (½ Tasse) aufgießen. Ca. 15—20 Minuten dünsten. Dann mit Tomatenmark und den Gewürzen abschmecken.

Rote-Bete-Gemüse

4 Portionen · je E 2 g, F 5 g, KH 17 g, Kal. 124, Joule 521

Ca. 800 g rote Bete
2 mittelgroße Zwiebeln
20 g Kaltpreßöl
(2 EL)
1 EL Senfkörner
gemahlener Kümmel
Meersalz
Hefewürze
1 Prise Zucker
schwarzer Pfeffer

Rote Bete und Zwiebeln waschen, schälen und in feine Streifen schneiden. Beides in heißem Pflanzenöl leicht andünsten und mit ca. 2 Tassen Wasser aufgießen. Die Senfkörner zugeben und ca. 30 Minuten garen. Abschmecken mit Kümmel, Meersalz, Hefewürze und Zucker.

Sauerkrautauflauf

4 Portionen · je E 20 g, F 13 g, KH 30 g, Kal. 338, Joule 1390

5 g Pflanzenmargarine
600 g Sauerkraut
400 g Kartoffeln
4 Eier
200 ccm Milch
Salz, Pfeffer
Muskat
Hefewürze
gem. Kümmel
2 Tomaten
100 g Käse
Schnittlauch

Eine feuerfeste Form (Jenaer Glas) ausfetten. Die Hälfte des Sauerkrautes in die Form geben. Die geschälten Kartoffeln in dünne Scheiben schneiden, etwas würzen und mit dem übrigen Sauerkraut abdecken. Eier mit Milch und den Gewürzen verquirlen und über den Auflauf gießen.
Im vorgeheizten Ofen bei 220 Grad (Stufe 4) ca. 30—40 Minuten backen. Die Tomaten vierteln und zusammen mit den Käsestreifen auf dem Auflauf verteilen. Nochmals 15 Minuten überbacken. Zum Schluß mit Schnittlauch überstreuen.

Badischer Sauerkrautsalat ✗

4 Portionen · je E 2 g, F 5 g, KH 12 g, Kal. 100, Joule 420

400 g Sauerkraut
100 g Ananasstücke
100 g Weintrauben

Sauce:
2—3 EL Ananassaft
2 EL Weißwein
20 g Kaltpreßöl (2 EL)
evtl. etwas Salz und Zucker

Sauerkraut etwas kleinschneiden, in eine Schüssel geben und mit den Ananasstücken und den entkernten Trauben vermischen.
Die Sauce darübergießen und etwas einziehen lassen.

Bunte Sauerkraut-Rohkost

4 Portionen · je E 2 g, F 5 g, KH 9 g, Kal. 91, Joule 382

400 g Sauerkraut
2 Tomaten
1 Gewürzgurke
1 kleiner Apfel
20 g Kaltpreßöl (2 EL)
1 TL Apfeldicksaft
Salz
gemahlener Kümmel
evtl. etwas Zwiebelpulver

Sauerkraut etwas kleinschneiden und in eine Schüssel geben. Tomaten, Gurke und den Apfel würfeln und beimischen. Das Öl darübergeben und mit Apfeldicksaft, Vollmeersalz (wenig!), Kümmel und, je nach Geschmack, Zwiebelpulver abschmecken.
Auf Salatblättern anrichten. Als Rohkost zu fast allen Gerichten passend. Vor allem für die Reduktionskost geeignet.

Sellerie-Gemüse

4 Portionen · je E 2 g, F 5 g, KH 12 g, Kal. 112, Joule 470

Ca. 800 g Sellerie
20 g Kaltpreßöl
Saft von 1 Zitrone
1 Zwiebel
etwas Gemüsebrühe (Würfel)
Salz
Pfeffer
Saft von 1 Zitrone
1 Bund Petersilie

Sellerie schälen und in Scheiben oder Würfel schneiden. Mit Zitronensaft beträufeln. Die gewürfelte Zwiebel in Pflanzenöl andünsten und die Sellerischeiben oder den Würfel zugeben. Mit der Gemüsebrühe angießen und ca. 20 Minuten garen. Mit Salz, Pfeffer und Zitronensaft abschmecken und mit gehackter Petersilie bestreuen.

Gebackene Sellerischeiben

4 Portionen · je E 6 g, F 9 g, KH 17 g, Kal. 194, Joule 814

1 Sellerieknolle (etwa 1 kg)
etwas Pfeffer
etwas Vollmeersalz
1 Ei
20 g Weizenkeime (2 EL)
20 g Semmelbrösel (2 EL)
30 g Kokosfett

Die Sellerieknolle waschen und in gesalzenem Wasser etwa 45 Minuten kochen. Abkühlen lassen und schälen. Dann in 4 oder 8 dicke Scheiben schneiden und die Scheiben halbieren. Die Sellerischeiben leicht würzen, zuerst in verquirltem Ei, dann in einem Gemisch von Semmelbröseln und Weizenkeimen wenden. Die Panade gut andrücken und die Scheiben in heißem Kokosfett (nicht überhitzen) von beiden Seiten goldgelb braten. Dazu Kartoffelnestchen und Salat.

Spargel

4 Portionen · je E 2 g, F 10 g, KH 6 g, Kal. 125, Joule 525

1 kg Spargel
Salzwasser
1 Prise Zucker
5—10 g Butter
(für Kochwasser)
40 g zerlassene Butter

Die Spargel schälen und vor dem Kochen portionsweise bündeln. In reichlich Salzwasser, verfeinert mit einer Prise Zucker und etwas Butter, ca. 20 Minuten garen. Zur Garprobe sticht man mit einer Gabel ins Stangenende. Die garen Stangen gut abtropfen lassen und auf einer vorgewärmten Platte servieren. Mit zerlassener Butter übergießen.

Spargel mit grüner Sauce

4 Portionen · je E 10 g, F 4 g, KH 8 g, Kal. 117, Joule 490

800 g Spargel
1 Prise Salz
1 Prise Zucker

Sauce:
125 g Quark
100 g Vollmilch
5 EL Sahne
1 TL Senf
1 TL Apfelsaftkonzentrat
5 EL feingehackte Kräuter
1 hartgekochtes Ei
½ Salatgurke
Pfeffer, Salz

Spargel wie im vorhergehenden Rezept kochen.
Zur Sauce Quark mit Milch, Sahne, Senf und Apfelsaftkonzentrat verrühren. Die gehackten Kräuter und das gehackte Ei dazugeben, ebenfalls die kleingeschnittene Salatgurke. Abschmecken mit Salz und Pfeffer. Die Sauce über die Spargel geben und evtl. mit Eischeiben garnieren.
Als Beilage neue Kartoffeln servieren.

Spinat-Kartoffelpudding

(Abb. Seite 160)

4 Portionen · je E 26 g, F 18 g, KH 30 g, Kal. 395, Joule 1678

½ kg Pellkartoffeln
4 Eier, getrennt
Vollmeersalz
Pfeffer
Muskat
1 mittelgroße Zwiebel
20 g Pflanzenmargarine
1 kg Spinat
(ca. 2 Päckchen tiefgefrorener Spinat)
100 g geriebener Käse
45 % F. i. Tr.

Pellkartoffeln durch eine Presse geben, mit Eigelb, Gewürzen und wenn nötig mit etwas Milch verrühren. Die Zwiebel hakken und in Pflanzenfett leicht andünsten, ebenfalls den aufgetauten Spinat. Alles miteinander vermischen, Eischnee und den geriebenen Käse unterheben. Die Masse in eine gefettete Auflaufform geben und bei 200 Grad (Stufe 3) ca. 40—50 Minuten überbacken.
Beilage: Grilltomate und eine Rohkostplatte.

Spinatkuchen

4 Portionen · je E 15 g, F 21 g, KH 22 g, Kal. 337, Joule 1415

½ Paket tiefgefrorener Blätterteig
750 g Blattspinat
Vollmeersalz
20 g Pflanzenmargarine
20 g Mehl
200 ccm Milch
4 Eier
Vollmeersalz, Pfeffer
Muskat

Blätterteig nach Vorschrift auftauen. Spinat putzen und ca. 3—5 Minuten in kochendes Salzwasser geben und gut abtropfen lassen. Pflanzenmargarine erhitzen, Mehl darin kurz anschwitzen und mit Milch ablöschen. Leicht abkühlen lassen und mit den Eiern und den Gewürzen vermengen. Blätterteig ausrollen, eine Springform damit belegen und einen Rand andrücken. Den Spinat auf dem Teig verteilen und mit der Eiermasse bedecken.
Bei 220 Grad (Stufe 3—4) ca. 30 Minuten auf der untersten Schiene überbacken.

Puffer aus Steckrüben

4 Portionen · je E 7 g, F 7 g, KH 30 g, Kal. 255, Joule 1020

400 g Steckrüben
300 g Kartoffeln
2 Eier
2 Zwiebeln
etwa 50 g Mehl (Typ 1050)
Vollmeersalz
Pfeffer
etwas Muskatblüte
Kokosfett zum Braten

Steckrüben und Kartoffeln reiben, abtropfen lassen und sofort mit den übrigen Zutaten zu einem Brei verarbeiten. Kokosfett in der Pfanne erhitzen, aus dem Teig mit einem Löffel kleine dünne Plätzchen in die Pfanne streichen. Dazu Apfelmus servieren.

Tomaten mit Spinatfüllung

4 Portionen · je E 7 g, F 6 g, KH 6 g, Kal. 106, Joule 445

8 mittelgroße Tomaten
200—250 g frischer Spinat
1 Bund frischer Kerbel
schwarzer Pfeffer
Salz
wenig Muskatnuß
10 g Hefeflocken (1 EL)
60 g Edamer (2 Scheiben)
10 g Pflanzenmargarine

Von den Tomaten die Kuppe abschneiden, aushöhlen und innen leicht salzen. Spinat sowie den Kerbel waschen und ca. 1 Minute blanchieren. Abschmecken mit Vollmeersalz, Pfeffer, Hefeflocken und wenig Muskatnuß. Gut ausdrücken und in die Tomate füllen. Mit frisch gemahlenem Pfeffer nochmals bestreuen und mit ¼ Scheibe Edamer belegen. Dann den Deckel daraufsetzen und die Tomaten in eine gefettete feuerfeste Form geben.
Im vorgeheizten Ofen bei ca. 200 Grad (Stufe 3) ca. 15 Minuten garen.
Die Tomaten können auch mit Sojagranulat oder einer Käse-Ei-Masse gefüllt werden.

Zucchini-Gemüse

4 Portionen · je E 9 g, F 15 g, KH 23 g, Kal. 241, Joule 1012

1 kg Zucchini
Saft von 1 Zitrone
40 g Kaltpreßöl (4 EL)
250 g Zwiebeln
5 EL Weißwein
Salz, Pfeffer
Hefestreuwürze
1 Knoblauchzehe
2 EL Pinienkerne

Zucchini der Länge nach halbieren und in Stücke schneiden. Pflanzenöl erhitzen, die in Würfel geschnittenen Zwiebeln darin andünsten, später die Zucchini zugeben, mit Wein und etwas Wasser angießen. Ca. 10 Minuten dünsten. Abschmecken mit Salz, Pfeffer, Hefestreuwürze und der zerdrückten Knoblauchzehe. Mit Pinienkernen bestreuen.

Zucchini mit Tomaten-Kräuter-Sauce

4 Portionen · je E 3 g, F 5 g, KH 15 g, Kal. 124, Joule 520

500 g Zucchini
(5 Stück)
100 g Zwiebeln
(2 kleine)
200 g Tomaten
(4 Stück)
20 g Kaltpreßöl (2 EL)
Salz, Pfeffer
20 g Tomatenmark (1 EL)
1 EL Hefeflocken
4 EL Weißwein
ca. 300 ccm Gemüse- oder Hefebrühe
½ TL frisches gehacktes Basilikum
1 EL frischer gehackter Dill

Zucchini waschen und in dicke Scheiben schneiden. Zwiebeln schälen und kleinhacken. Tomaten kurz in heißes Wasser geben und häuten.

Pflanzenöl erhitzen und die Zwiebel darin andünsten, ebenfalls die Zucchini.

Die abgezogenen Tomaten, Tomatenmark, Hefeflocken, Wein und die Brühe zugeben. Ca. 15—20 Minuten bei kleiner Flamme garen. Abschmecken und mit Dill und Basilikum bestreuen.

Beilage: Risotto.

Zwiebelgemüse

4 Portionen · je E 4 g, F 7 g, KH 21 g, Kal. 159, Joule 668

20 g Pflanzenmargarine
800 g Speise- oder Gemüsezwiebeln
¼ l Gemüsebrühe oder Brühe von Hefebrühwürfeln
Knoblauchpulver
½ TL gemahlener Kümmel
1 Prise Zucker
5—10 g Speisestärke (1 TL)
20 g Sahne 30 % F (2 EL)
1 Eigelb
1 TL Hefestreuwürze oder Hefeflocken
1—2 EL gehackte Petersilie

Zwiebeln schälen und je nach Größe achteln oder in Ringe schneiden. In Pflanzenmargarine andünsten und mit der Brühe aufgießen. Ca. 10—15 Minuten bei kleiner Flamme garen. Mit den Gewürzen abschmecken und die mit Sahne angerührte Speisestärke zugeben. Aufkochen lassen. Den Topf von der Platte nehmen und mit Eigelb legieren. Zum Schluß mit Hefe und Petersilie bestreuen.

Rund um die Kartoffel

Die Kartoffel ist ein außerordentlich wichtiges und wertvolles Nahrungsmittel. Sie enthält 2 % hochwertiges Eiweiß, 20 % Stärke, Ballaststoffe, Mineralstoffe (hoher Kaliumanteil) und Vitamine (hoher Vitamin-C-Anteil).
Beim Kauf sollten die Kartoffeln keine Keime haben, sie müssen hart, fest und glatt sein. Verpackte Ware sollte möglichst schnell aus der Verpackung genommen werden, da die Gefahr der Fäulnis groß ist. Die ideale Lagertemperatur liegt bei +4 bis —6°C.
Sprichwörtlich sind die vielen Variationsmöglichkeiten. Ob als Hauptgericht oder als Beilage, es gibt die unterschiedlichsten Rezepte dafür. Wichtig ist nur, daß die Kartoffeln in der Schale gegart werden, sonst verlieren sie einen Großteil der Mineralstoffe und Vitamine.

Kartoffeln in Folie

4 Portionen · je E 3 g, F 4 g, KH 29 g, Kal. 166, Joule 697

Ca. 600 g Kartoffeln
(8 mittelgroße)
Alufolie
Vollmeersalz
Kümmel
20 g Butter

Die Kartoffeln gut waschen und bürsten. In Folie einwickeln und ca. 40 Minuten im Backofen bei 250 Grad (Stufe 4—5) garen.
Danach die Folie öffnen. Die Kartoffeln über Kreuz einritzen, würzen und mit 1 Stückchen Butter belegen.

Bircher-Benner-Kartoffeln

4 Portionen · je E 3 g, F 5 g, KH 19 g, Kal. 172, Joule 722

600 g Kartoffeln
gemahlener Kümmel
Vollmeersalz
4 TL frisches Leinöl (20 g)
2 EL ganzer
Kümmel
Paprikapulver

Kartoffeln gut waschen, bürsten und der Länge nach durchschneiden. Die Schnittfläche mit gemahlenem Kümmel und Vollmeersalz würzen. Mit dieser Seite auf ein gefettetes Backblech setzen, die Oberfläche bepinseln, mit Paprikapulver und ganzem Kümmel bestreuen.
Bei 220 Grad (Stufe 4) ca. 20 Minuten im Backofen backen. Als Beilage zu pikantem Quark.

Quark-Kartoffelauflauf mit Sojafleisch

4 Portionen · je E 26 g, F 16 g, KH 45 g, Kal. 450, Joule 1881

800 g Kartoffeln
etwas Salz und Pfeffer
Pflanzenmargarine
für die Form
250 g Magerquark
3 Eier
1 Becher Sanoghurt
20 g Mehl (2 EL)
(Typ 1050)
Muskatblüte
Majoran
3—5 Bund Schnittlauch
200 g Sojaschnitten
oder Soja-Würfel
(bereits eingeweicht)
evtl. 50 g geriebener Käse
40 % F.

Kartoffeln waschen und ca. 20 Minuten mit der Schale kochen. Pellen, in Scheiben schneiden und in eine gefettete Auflaufform geben. Mit Vollmeersalz und Pfeffer würzen. Magerquark mit Eiern, Sanoghurt, Mehl und den übrigen Gewürzen verrühren. Geschnittenen Schnittlauch, die gewürfelten Sojaschnitten (Trockensoja nach Gebrauchsanweisung zubereiten) oder die Sojawürfel ebenfalls zugeben. Die Masse auf den Kartoffelscheiben verteilen. Evtl. mit Käse bestreuen. Im vorgeheizten Backofen bei 200—220 Grad (Stufe 3—4) ca. 30 Minuten backen.

Kartoffel-Fenchel-Auflauf

4 Portionen · je E 11 g, F 7 g, KH 45 g, Kal. 290, Joule 1218

600—700 g Fenchel (3 Knollen)
500 g Pellkartoffeln
¼ l Flüssigkeit (½ Fenchelbrühe, ½ Milch)
½ TL gekörnte Brühe
1 EL Mehl (Typ 1050)
50 g geriebener Käse 40 % F. i. Tr. (2—3 EL)
Vollmeersalz
1 Prise Zucker
Pfeffer
Muskat
1 Eigelb
20 g geriebener Käse 40 % F. i. Tr. (1 EL) zum Bestreuen

Fenchelknollen ca. 15 Minuten dünsten. Kartoffeln mit der Pelle kochen, etwas abkühlen lassen und schälen. Fenchel und Pellkartoffeln in Scheiben schneiden und in eine gefettete Auflaufform einschichten.

Die Flüssigkeit zum Kochen bringen und mit Mehl und Käse binden. Abschmecken mit Vollmeersalz, 1 Prise Zucker, Pfeffer und Muskat. Etwas abkühlen lassen und mit Eigelb legieren.

Die Soße über den Auflauf geben und mit Käse bestreuen. Bei 200 Grad (Stufe 3) ca. 20—30 Minuten überbacken.

Béchamelkartoffeln

4 Portionen · je E 6 g, F 6 g, KH 30 g, Kal. 198, Joule 831

500 g Kartoffeln
(ca. 8—10 Stück)
20 g Pflanzenöl (2 EL)
20 g (2 EL) Mehl (Typ 1050)
¼ l Milch 1,5 % F
1 Tasse Gemüsebrühe
Vollmeersalz
Pfeffer
wenig Majoran
2—3 EL feingeschnittener Dill

Pellkartoffeln waschen und kochen. Etwas abkühlen lassen, schälen und in Scheiben schneiden.
Pflanzenöl und Mehl zusammen in einen Topf geben. Mit der Milch und der Gemüsebrühe aufgießen, zum Kochen bringen (öfter umrühren) und kräftig würzen. Die Kartoffeln in die Sauce geben und mit erhitzen. Abschmecken und zum Schluß den Dill hinzugeben.

Kartoffelgulasch

4 Portionen · je E 8 g, F 12 g, KH 50 g, Kal. 350, Joule 1400

800 g Kartoffeln
500 g Zwiebeln
(3 mittelgroße)
¼—½ l Gemüse- oder
Fleischbrühe (Würfel)
1 TL Paprika edelsüß
Muskatblüte
Salz, Pfeffer
4—5 EL saurer Rahm
1 Bund Schnittlauch

Kartoffeln schälen und in große gleichmäßige Würfel schneiden.
Fett erhitzen und die gewürfelten Zwiebeln darin goldgelb werden lassen. Die Kartoffelwürfel zugeben und mit der Brühe aufgießen. Zugedeckt ca. 20 Minuten schmoren. Dann mit Paprika, Muskatblüte, Salz und Pfeffer abschmecken. Den sauren Rahm unterziehen und mit geschnittenem Schnittlauch bestreuen.
Dazu eine Rohkostplatte oder Mixed Pickles servieren.

Kartoffelnestchen

4 Portionen · je E 9 g, F 6 g, KH 29 g, Kal. 208, Joule 873

600—700 g Kartoffeln
1 Ei
⅛ l Milch
Salz
Muskat

Füllung:
2 Eier, getrennt
80—100 g geriebener Käse
Salz, Pfeffer

Die gewaschenen Kartoffeln in der Schale kochen. Sofort pellen und durch eine vorgewärmte Kartoffelpresse geben. Mit der heißen Milch und dem Ei verrühren, mit Salz und Muskat abschmecken.
Mit der Spritztüte kleine Nestchen auf ein gefettetes Backblech setzen (der Kartoffelbrei muß steif sein).
Die inzwischen aus Eigelb, geriebenem Käse und untergezogenem Eischnee hergestellte Masse mit einem Teelöffel in die Nestchen füllen.
Bei 240 Grad (Stufe 4—5) ca. 10—15 Minuten überbacken.

Kartoffelpuffer mit Weizenkleie

4 Portionen · je E 8 g, F 11 g, KH 41 g, Kal. 292, Joule 1226

800 g Kartoffeln
1 mittelgroße Zwiebel
2 Eier
10 g (1 EL) Mehl
(Typ 1050)
10 g Weizenkleie (1—2 EL)
Salz
Muskat
30—40 g Öl (3—4 EL)
zum Braten

Kartoffeln schälen, waschen, reiben und auf einem Sieb etwas abtropfen lassen. Zwiebel ebenfalls reiben. Eier, Kleie und Mehl zugeben. Salz und Muskat unterrühren.
Öl in der Pfanne erhitzen, mit dem Schöpflöffel die Masse hineingeben, flachdrücken und goldgelb braten. Bitte das Öl immer wieder erneuern.
Dazu Apfelmus, Kompott oder Salat servieren.

Kartoffelklöße »halb und halb« mit Kräutern

4 Portionen · je E 7 g, KH 53 g, Kal. 257, Joule 1079

1 kg Kartoffeln
⅛ l Milch
Salz
Muskat
10 g Mehl (1 EL)
20 g Weizenkeime (2 EL)
1 Bund Petersilie
1 Bund Schnittlauch

½ kg Kartoffeln in der Schale kochen. Inzwischen den Rest der Kartoffeln schälen und reiben und mit der heißen Milch überbrühen. Die gekochten Kartoffeln schälen, durch eine Presse geben und mit dem rohen Kartoffelbrei vermengen. Salz, Muskat, Mehl und Weizenkeime zugeben, ebenfalls die gehackten oder geschnittenen Kräuter. Reichlich Salzwasser zum Kochen bringen und die geformten Klöße darin ca. 20 Minuten garen. Es ist ratsam, einen Probekloß zu kochen. Fällt er auseinander, dann dem Teig noch etwas Stärkemehl zufügen. Ergibt 8 Knödel, pro Person werden 2 Stück gerechnet.

Kartoffeln mit Käsecreme überbacken

4 Portionen · je E 14 g, F 9 g, KH 38 g, Kal. 297, Joule 1247

800 g Kartoffeln
etwas Vollmeersalz
125 g Schmelzkäse 10 % F. i. Tr. (2 Stück)
62,5 g Frischkäse 50 % F. i. Tr. (1 Stück)
je 1 Bund Dill, Schnittlauch, Petersilie
Pfeffer
1 Knoblauchzehe
⅛—¼ l gut gewürzte Gemüse- oder Hefebrühe

Gleichmäßige und nicht zu kleine Kartoffeln auswählen, waschen und ca. 30 Minuten in der Schale kochen. Pellen und

quer halbieren. Kartoffeln mit der Schnittfläche nach oben nebeneinander in eine feuerfeste Form (Jenaer Glas oder Gußeisen) setzen.
Den Schmelzkäse erwärmen (im Papier kurz in heißes Wasser legen) und mit dem Frischkäse, den gehackten Kräutern und den Gewürzen vermengen. Gemüse- oder Hefebrühe zu den Kartoffeln gießen (darf nur den Boden bedecken).
Die Käsecreme auf die Kartoffeln verteilen und im heißen Ofen ca. 15 Minuten bei 220 Grad (Stufe 4) überbacken.
Beilage: Kopfsalat mit Tomaten oder Kresse.

Deftige Eintopfgerichte

Der Eintopf erobert sich immer mehr Freunde auch unter den anspruchsvollen Feinschmeckern. Man kann ihn »auf Vorrat« kochen, problemlos servieren, einfach oder üppig ausstatten, immer neue Kompositionen ausprobieren, dick und herzhaft als sättigendes Hauptgericht auf den Tisch bringen oder, wenn man will, zur Suppe verlängern. Alles ist erlaubt, wenn man ein paar Gesundheitsregeln beherzigt.
Es sollten möglichst viele Gemüsesorten kombiniert und möglichst Vollkornprodukte bevorzugt werden. Frische Kräuter müssen immer zum Schluß zugegeben werden und die Töpfe oder Pfannen gut schließbar sein, um die Garzeit zu verkürzen und Vitamine zu schonen.

Gemüse-Eintopf

4 Portionen · je E 22 g, F 31 g, KH 23 g, Kal. 494, Joule 2074

1 l Gemüsebrühe
200 g Kartoffeln
500 g Möhren
½ Sellerieknolle
1 Stange Porree
2 mittelgroße Zwiebeln
½ Wirsingkohl
30 g Kaltpreßöl (3 EL)
Salz, Pfeffer
10 g Hefeflocken (2 EL)
1 Bund Petersilie

Das Gemüse vorbereiten, waschen, in Würfel schneiden und in heißem Öl anbraten, mit der Brühe aufgießen und ca. 30 Minuten bei geschlossenem Deckel garen. Abschmecken mit Salz und Pfeffer. Zum Schluß die Hefeflocken zugeben und mit frisch gehackter Petersilie bestreuen.

Rote-Bete-Eintopf

4 Portionen · je E 5 g, F 10 g, KH 25 g, Kal. 200, Joule 800

750 g rote Bete
250 g Möhren
250 g Zwiebeln
40 g Pflanzenöl
ca. 1 l Wasser
1—2 EL Hefebrühe
1—2 Lorbeerblätter
Vollmeersalz
Pfeffer
1 Knoblauchzehe
etwas Zitronensaft

Rote Bete, Möhren und Zwiebeln schälen und in Streifen oder Würfel schneiden. In heißem Pflanzenöl kurz andünsten und mit der kochenden Brühe aufgießen. Abschmecken mit Hefebrühe, Lorbeerblatt, Pfeffer und Salz und zerdrückter Knoblauchzehe.

Graupen-Möhren-Eintopf

4 Portionen · je E 4 g, F 8 g, KH 35 g, Kal. 240, Joule 960

Ca. 500 g Möhren
1 mittelgroße Zwiebel
40 g Pflanzenmargarine
ca. 120 g Graupen (Gerste), ca. 3—4 Stunden gequollen
ca. 1—1½ l Wasser
½ TL Hefewürze, körnig
Meersalz
Pfefferkörner
Sellerie oder Liebstöckelblätter

Möhren und Zwiebel schälen und in kleine Würfel schneiden. In heißem Pflanzenfett leicht andünsten. Die Graupen zugeben und mit Wein auffüllen. Mit Hefewürze, Salz und Pfefferkörnern abschmecken, aufkochen lassen und auf kleinste Stufe zurückschalten. Ca. 40—50 Minuten garen. Zum Schluß die grob geschnittenen Blätter zugeben.

Linseneintopf ✗

4 Portionen · je E 20 g, F 4 g, KH 75 g, Kal. 420, Joule 1680

Ca. 300 g Linsen
1 Bund Suppengrün
ca. 500 g Kartoffeln
(4 mittelgroße)
ca. 200 g Zwiebel
(2 mittelgroße)
1—2 Lauchstangen
(ca. 300 g)
1—2 TL Essig oder
3 EL Rotwein
1 EL Hefe-Gewürze
Brühextrakt
Meersalz
Thymian
Majoran
Pfeffer
2 EL gehackte Petersilie
evtl. 1 Becher saure Sahne
10 % F

Die Linsen über Nacht in ca. 1½ l Wasser einweichen. Am nächsten Tag mit dem Einweichwasser aufsetzen.
Inzwischen Suppengrün säubern, Kartoffeln und Zwiebeln schälen und alles würfeln. Nach dem ersten Aufkochen zu den Linsen geben und ca. 30 Minuten den in Scheiben geschnittenen Lauch, Essig und Gewürze zugeben. Nochmals nachschmecken und die dicke Suppe in tiefe Teller füllen. Mit je 1 Eßlöffel Sahne und gehackter Petersilie garnieren.

Kichererbseneintopf ✗

4 Portionen · je E 18 g, F 10 g, KH 70 g, Kal. 460, Joule 1840

250—300 g Kichererbsen
1½ l Wasser
1 EL Hefewürze, körnig
40 g kaltgepreßtes Sonnenblumenöl oder Olivenöl
200 g Zwiebeln
(2 mittelgroße)
3—4 Knoblauchzehen
250 g Möhren (2 große)
1 große Dose geschälte Tomaten
400 g Kartoffeln
(4 mittelgroße)
Kräuter der Provence
Cayennepfeffer
schwarzer Pfeffer
Meersalz
2 EL gehackte Blattpetersilie

Die Kichererbsen in reichlich Wasser über Nacht einweichen. Wasser abgießen und zum Kochen durch neues ersetzen. Hefewürze zugeben und ca. 1 Stunde bei kleiner Flamme garen. Zwischenzeitlich das Öl leicht erhitzen und die gewürfelten Zwiebeln und Möhren darin andünsten. Mit den Tomaten (mit Saft) auffüllen und die ebenfalls gewürfelten Kartoffeln zugeben.
Ca. 20 Minuten garen und alles zu den Erbsen geben. Nochmals durchkochen lassen und mit den angegebenen Gewürzen abschmecken. Mit Petersilie garnieren.

Französischer Bohneneintopf

4 Portionen · je E 19 g, F 8 g, KH 52 g, Kal. 390, Joule 1638

250 g weiße Bohnen
1 Stange Lauch
1—1½ l Flüssigkeit
100 g Zwiebeln
1—2 Hefebrühwürfel
Salz, Pfeffer
1—2 Lorbeerblätter
20 g Pflanzenöl
300 g Zwiebeln
500 g enthäutete Tomaten
2 Knoblauchzehen
Salz, Pfeffer
Thymian
½ Tasse herber Weißwein

Zum Überbacken:
50 g geriebener Käse

Die am Vortag eingeweichten Bohnen zusammen mit Lauch und den Zwiebelwürfeln in der gut abgeschmeckten Brühe (mit Hefewürfel, Salz, Pfeffer und Lorbeerblatt) ca. 60—70 Minuten (im Dampfdrucktopf ca. 20—30 Minuten) kochen. Die Zwiebel kleinschneiden und im Pflanzenöl glasig dünsten. Die gehäuteten und geviertelten Tomaten, den zerdrückten Knoblauch und die Gewürze zugeben und mit Weißwein ablöschen. Einige Minuten durchziehen lassen, wobei die Tomaten leicht zerkochen können. Bohnen und Tomaten miteinander vermengen und nachschmecken.
Diese Masse kann in einer gefetteten Auflaufform mit Käse überbacken werden.

Soja — neues Grundnahrungsmittel

Die Sojabohnen gehörten botanisch in die Familie der Leguminosen. Sie waren ursprünglich in Asien beheimatet, und in China und Japan bilden sie schon seit Jahrtausenden die Grundlage für die Eiweißversorgung der Menschen. In diesen Ländern, in denen Überbevölkerung schon lange ein Problem darstellt, erkannte man frühzeitig die Besonderheiten der Sojabohnen. Sie erbringen wesentlich mehr Eiweiß pro bebaute Landfläche als jede andere bekannte Pflanze.
Durch den hohen Eiweißgehalt wird Soja für die Welternährung immer wichtiger. Interessant sind auch die vielfachen Verwendungsmöglichkeiten.
Schon vor Beginn unserer Zeitrechnung hat man in Asien damit begonnen, Sojabohnen im Ganzen zu verarbeiten, und nach Methoden gesucht, um vielseitig verwendbare, leicht verdauliche und wohlschmeckende Speisen zu bereiten. So entstand neben *Sojamehl, Sojasauce, Sojapaste* und *Sojamilch* ein quarkähnliches Produkt, *Tofu* genannt.
Während Sojamehl zum Andicken und als Zubereitungshilfe (durch den Einsatz können Eier gespart werden), Sojasauce und Paste mehr zum Würzen der Speisen verwandt werden, ist Sojamilch und Tofu ein eiweißreiches, gut einsetzbares Lebensmittel. Vor allem Tofu hat in der östlichen Welt den Stellenwert wie Fisch und Quark in der westlichen.
In Japan gibt es Hunderte von »Tofureien«, und auch in unserer Küche findet Tofu zunehmend Einsatz, vor allem als vollwertiges Eiweiß anstelle von Milcheiweiß bei Milcheiweißallergien, insbesondere bei Kindern!
Man kann Tofu in 250-g-Einheiten (Reformhaus) kaufen, aber auch mit etwas Erfahrung und nötigen Geräten selbst herstel-

len. Dann läßt er sich verschiedenartig zubereiten, ob nun püriert, als pikante Creme, als Aufstrich, Sauce oder Dressing, als Süßspeise mit Obst oder verarbeitet in Gemüsegerichten, als Beigaben zu Getreidegerichten oder paniert mit Sesam, Nüssen oder Semmelbröseln.

Tofu — »Quark« aus Soja

Tofu zum Dippen

4 Portionen · je E 7 g, F 3 g, KH 2 g, Kal. 85, Joule 340

250 g Tofu (fertig)
etwas Sojasauce
20 g Sesam
1 EL Tomatenmark
1 Knoblauchzehe
Kräuter der Provence
Curry

Tofu mit einem Pürierstab oder Mixer cremig rühren. Dann in drei Portionen teilen:

1. Portion mit Sojasauce, wenig Salz und Sesam verrühren.
2. Portion mit Tomatenmark, zerdrückter Knoblauchzehe und Kräutern verrühren.
3. Portion mit Curry, Mangochutney und etwas Apfelsaftkonzentrat verrühren.

In kleine Schälchen füllen und dazu Bleichselleriestangen, Chicoréeblätter, Gurkenscheiben usw. anrichten.

Tofu »mariniert« X

4 Portionen · je E 14 g, F 6 g, KH 4 g, Kal. 170, Joule 680

500 g Tofu (fertig)
2 mittelgroße Zwiebeln
2 Knoblauchzehen
1 Lorbeerblatt
Hefewürze körnig
etwas Meersalz
5—10 EL Sojasauce
5—10 EL Wasser
etwas Thymian

Tofu in Würfel schneiden. In einer Mischung aus Zwiebelscheiben, Knoblauchscheiben, Gewürzen, Sojasauce und Wasser 24 Stunden marinieren. Dann zu leichtem Vollkornbrot oder Getreidegerichten essen.

Tofu mit Kräutern und Schalotten X

4 Portionen · je E 7 g, KH 2 g, F 3 g, Kal. 85, Joule 340

250 g Tofu (fertig)
3 EL gehackte Kräuter (Petersilie, Schnittlauch, Dill, Kerbel ...)
2 Schalotten
etwas Pfeffer aus der Mühle
etwas Meersalz

Tofu mit einem Mixer oder Pürierstab cremig rühren. Die gehackten Kräuter und die fein geschnittenen Schalotten zugeben. Mit Pfeffer und Salz abschmecken.
Dazu Folien- oder Bircher-Benner-Kartoffeln servieren.

Tofuschnitten paniert

4 Portionen · je E 12 g, F 12 g, KH 5 g, Kal. 180, Joule 640

500 g Tofu (fertig)
5—7 EL Sojasauce
etwas Meersalz
1 Knoblauchzehe, zerdrückt
1 Ei
2 EL Weizenschrot, fein gemahlen
2 EL Sesam
Kokosfett zum Braten

Tofu der Länge nach teilen, mit Sojasauce beträufeln und mit Knoblauch einreiben. Einige Stunden stehen lassen.
Ein Ei verquirlen, die Tofuschnitten darin wenden, erst in Weizenschrot und dann in Sesam. Etwas andrücken und in heißem Kokosfett von beiden Seiten goldgelb braten.
Dazu paßt ein Gemüse- oder Getreidegericht.

Andere Sojaprodukte

Neben Tofu gibt es ein großes Angebot von allerdings stark bearbeiteten Sojaprodukten (ebenfalls Reformhaus) — wie *Sojawürfel* (für Gulasch, Eintöpfe, Kohlgerichte), *Soja nach »Hackfleischart«* (für Füllungen, Saucen, Frikadellen), *Sojascheiben* (paniert mit Bröseln, Sesam usw. und dann gebraten), *Sojawürstchen* und auf Sojagrundlage hergestellte *Pasten,* die vorwiegend als Brotaufstrich gelten. Würfel und Granulat werden getrocknet angeboten und müssen vor der Verarbeitung eingeweicht werden.
Alle diese Produkte sind ebenfalls eiweißreich, relativ fettarm, purinfrei und cholesterinfrei. Sie bringen daher gerade in der Ernährung von stoffwechselgestörten Menschen eine willkommene Abwechslung in den Speiseplan.

Auberginen-Auflauf mit Soja

4 Portionen · je E 20 g, F 24 g, KH 20 g, Kal. 380, Joule 1520

1 kg nicht zu große Auberginen
40—50 g Pflanzenfett
100 g Sojagranulat
2 mittelgroße Zwiebeln
Meersalz
½ TL Hefewürze, körnig
Pfeffer
Muskat
Saft von 1—2 Zitronen oder 100 ccm Weißwein
3—4 Tomaten mittlerer Größe
2—3 Eier
150 ml süße Sahne
Meersalz
Muskat
Pfeffer

Auberginen in ca. 1 cm dicke Scheiben schneiden und in einem Teil des Fetts kurz von beiden Seiten anbraten. Dann auf Küchenkrepp (nimmt das Fett auf) ausbreiten.
Das Sojagranulat nach Gebrauchsanweisung vorbereiten und zusammen mit den gewürfelten Zwiebeln im restlichen Fett anbraten. Mit Hefewürze, Pfeffer und Muskat sehr pikant würzen, mit wenig Flüssigkeit und Zitronensaft oder Wein ca. 15—20 Minuten garen. Eine gefettete Auflaufform abwechselnd mit Fleischteig und Auberginenschnitten füllen und zum Schluß mit Tomatenscheiben belegen. Ei mit Sahne verrühren, mit Salz, Pfeffer und Muskat abschmecken und über den Auflauf gießen.
Im vorgeheizten Backofen bei 200 Grad ca. 45—50 Minuten überbacken. Evtl. mit Alufolie abdecken.

Spinat-Kartoffelpudding ▷
(Rezept Seite 141)

Szegediner Gulasch ✗

4 Portionen · je E 15 g, F 9 g, KH 15 g, Kal. 200, Joule 800

100 g Sojafleisch-Würfel
2 Zwiebeln (200 g)
3 EL Öl
½ Becher Sauermilch
500 g Sauerkraut
Rosenpaprika
Kümmel
Hefewürze

Sojafleisch-Würfel nach Angabe auf der Packung zubereiten. Zwiebeln fein hacken und in etwas Öl andünsten. Paprika und Kümmel dazugeben, und weitere 5 Minuten dünsten. Nun das Sojafleisch beimischen und nochmals 10 Minuten garen. Sauerkraut mit etwas Öl 10 Minuten garen. Sauermilch unterziehen und pikant abschmecken.

Sojaklöße in Tomatensauce

4 Portionen · je E 21 g, F 10 g, KH 16 g, Kal. 240, Joule 960

100—150 g Sojagranulat
¼ l Hefebrühe aus Extrakt (1 TL)
3—4 EL Vollkornsemmelbrösel
1 Ei
evtl. 1—2 EL Sojamehl, entfettet (wenn die Masse nicht haftet)
Kräuter der Provence
Meersalz
Knoblauchpulver

Sauce:
20 g Olivenöl (2 EL)
2 Knoblauchzehen
1 kleine Dose Tomaten (geschält)
Kräuter der Provence
Pfeffer, schwarz
Meersalz
Basilikum (evtl. frisch)
30 g süße Sahne (3 EL)

Sojagranulat mit einem Teelöffel Hefebrüheextrakt in Wasser ca. 20 Minuten quellen lassen. Gut ausdrücken und mit Vollkornsemmelbröseln, Ei und evtl. Sojamehl vermischen. Mit Gewürzen, Meersalz und Knoblauchpulver abschmecken

◁ *Nudelauflauf (Rezept S. 178)*
Nudelpfanne (Rezept S. 179)

und ca. 8 kleine Klöße formen. Diese in 1 l Salzwasser ca. 20 Minuten bei kleiner Flamme garen.
Zwischenzeitlich das Olivenöl erhitzen, die Knoblauchzehen darin anbraten und mit Tomatensaft aufgießen. Ca. 15 Minuten bei kleiner Flamme garen, dann mit Kräutern der Provence, Pfeffer und Meersalz abschmecken. Zum Schluß die Sahne unterziehen. Die Sojabällchen in die Sauce geben und mit Basilikumblättern garnieren.

Ebenfalls eine gute Möglichkeit und ideal für die »Naturküche« geeignet ist es, wenn Sojabohnen bzw. die grünen Mungobohnen *gekeimt* werden.
Ähnlich wie beim Getreide stellen gekeimte Mungobohnen eine Bereicherung des Speisezettels dar, sie sind absolut unbehandelt, haben keinerlei Hitzeschädigung und schmecken dazu noch gut. Sie lassen sich zu Salaten verarbeiten oder werden einfach über Rohkost oder Gemüsezubereitungen gestreut.
Mungobohnen in einem Keimbehälter nach Gebrauchsanleitung 3—4 Tage keimen, bis sie quetschbar sind. Auch in einem tiefen Teller auf einem immer feuchten Mulltuch können die Bohnen keimen, das ist allerdings etwas komplizierter.

Eierspeisen — einfach und problemlos

Eier, die eigentlich jeder zu Hause hat, einige Zutaten, die sowieso immer als Vorrat zu finden sind — und nach kurzer Zeit kann ein leckeres Gericht auf dem Tisch stehen.

Hartgekochte Eier können in den verschiedensten Saucen angerichtet werden. Außerdem passen sie zu Salatplatten, ganz oder gewürfelt.
Spiegeleier können natur — oder mit buntem Gemüse serviert werden.
Verlorene Eier passen ebenfalls zu Saucen, auf Gemüse und Aufläufe.
Eierstich ist sehr leicht verdaulich und nicht nur als Suppeneinlage, sondern auch als Beilage zu bestimmten Diätgerichten bestens geeignet.
Omelette natürlich in allen Variationen, obwohl das klassische Omelette nur aus Eiern, Butter und Salz besteht. Es sind höchstens ein paar Tropfen Wasser, Milch oder Sahne erlaubt. Mehl oder andere Zutaten gibt man nur als Abänderung dazu.

Bunte Eierpfanne

4 Portionen · je E 20 g, F 12 g, KH 19 g, Kal. 275, Joule 1255

500 g Erbsen
Salz
6 Eier
Pfeffer
Paprika
Muskatnuß
1 Bund Schnittlauch
1 EL Pflanzenöl
4 Tomaten

Die Erbsen in Salzwasser garen. Eier mit den Gewürzen und mit Schnittlauch verquirlen. Pflanzenöl in einer Pfanne erhitzen. Erbsen, Eimasse und die gewürfelten Tomaten hineingeben und stocken lassen. Zwischendurch etwas auflockern. Bratkartoffeln und grüner Salat werden als Beilage gereicht.

Käse-Omelette

2 Portionen · je E 26 g, F 24 g, KH 8 g, Kal. 360, Joule 1512

4 Eier
80—100 g geriebener Käse
1—2 EL Mehl
etwas Wasser
1 Msp Backpulver
1 Prise Salz

Eier trennen. Eigelb mit Mehl, geriebenem Käse, etwas Wasser, 1 Msp Backpulver und etwas Salz vermischen. Eischnee schlagen und locker unterziehen. In einer gut gefetteten Grillpfanne goldgelb backen und zusammenklappen.

Florentiner Eier

4 Portionen · je E 17 g, F 14 g, KH 6 g, Kal. 230, Joule 966

800—1000 g Spinat
20—30 g Pflanzenmargarine
Vollmeersalz
Pfeffer
Muskat
2 EL Obstessig
Zucker
Salz
4 Eier
50 g geriebener Käse 45 % F. i. Tr.

Spinat von groben Stielen befreien und waschen. In Pflanzenfett andünsten und ca. 10 Minuten in geschlossenem Topf garen. Mit Salz, Pfeffer und Muskat abschmecken.
1 Liter Wasser mit Essig, Salz und Zucker zum Kochen bringen. Die Eier nacheinander in die Schöpfkelle aufschlagen und in das leicht kochende Wasser gleiten lassen. Ca. 6—8 Minuten »ziehen lassen«.
Den Spinat in eine gefettete Auflaufform geben. Die Eier darauflegen und mit Käse überstreuen. Kurz übergrillen.

Auberginen-Omelette

4 Portionen · je E 18 g, F 18 g, KH 9 g, Kal. 290, Joule 1180

1 mittelgroße Aubergine (ca. 300 g)
3 kleine Kartoffeln (150 g)
2—3 EL Olivenöl
Salz, Pfeffer
Knoblauchpulver
4 Eier
4 EL Milch
100 g geriebener Emmentaler

Auberginen und Kartoffeln waschen. Kartoffeln schälen, beides würfeln oder in dünne Scheiben schneiden. Öl erhitzen und die Kartoffelwürfel hineingeben. Ca. 10 Minuten schmoren, dann die Auberginenwürfel dazugeben und noch mal 10 Minuten gar schmoren. Eier, Milch und Gewürze verquirlen und mit dem geriebenen Käse in die Pfanne geben. Alles bei milder Hitze stocken lassen.

Spinat-Omelette

4 Portionen · je E 14 g, F 19 g, KH 10 g, Kal. 227, Joule 953

750 g Blattspinat
20 g Pflanzenmargarine
Salz, Pfeffer
Muskatnuß
4—6 Eier
50 ccm Milch
20—30 g Mehl (2—3 EL)
Salz, Pfeffer
Muskat
30 g Pflanzenöl (3 EL)
4 Tomaten

Den Spinat putzen, ca. 10 Minuten in Pflanzenmargarine dünsten und abschmecken.
Die Eier trennen, Eigelb mit Milch und Mehl gut verquirlen und mit Salz, Pfeffer und Muskat abschmecken. Den steifgeschlagenen Eischnee locker unterheben. In heißem Pflanzenfett in einer Pfanne mit Deckel nacheinander 4 Omelettes ausbacken.
Die Omelettes mit heißem Spinat füllen, zusammenklappen und mit je einer Grilltomate servieren.

Gerichte aus Vollkorngetreide

Getreideerzeugnisse können aufgrund ihrer wertvollen Inhaltsstoffe einen wesentlichen Beitrag zur gesunden Ernährung leisten. Dies ist allerdings nur der Fall, wenn sie in möglichst unveränderter oder nur geringfügig veränderter Form gegessen werden.
Beim Schälen und Polieren mancher Getreidesorten gehen die in den Randschichten und im Keimling vorhandenen Ballaststoffe und ein großer Teil der Vitamine und Mineralstoffe verloren.
Es empfiehlt sich, außer Vollkornbrot und Gebäck öfter Gerichte aus Vollkorngetreide in den Speiseplan aufzunehmen. Neben ganzen Körnern von Weizen, Roggen, Gerste, Hafer, Mais, Reis, Hirse und Buchweizen sind von den meisten Getreidesorten Schrot, Mehl, Grieß, Grütze und Flocken im Handel.
Wer oft Rezepte aus Getreide zubereitet und daneben noch gerne und viel bäckt, tut gut daran, sich eine Getreidemühle zu kaufen. Die Mengen können genau für den jeweiligen Bedarf bestimmt werden, das Mehl ist immer frisch und die Inhaltsstoffe des vollen Korns bleiben erhalten. Bevor man sich für eine Mühle entscheidet, sollte man die wichtigsten Merkmale verschiedener Fabrikate kennen und sich auf jeden Fall in guten Fachgeschäften beraten lassen.
Das *Keimen* spielt in der Naturküche eine besondere Rolle. Eine einfache Methode, das Getreide zum Keimen zu bringen, ist, die Körner in einen tiefen Teller zu geben und dafür zu sorgen, daß sie immer feucht liegen. Mit einem Tuch abdecken und bei mindestens Zimmertemperatur aufbewahren.

Die Gefahr, daß Getreide schimmelt, weil es zu naß liegt, und die Gefahr, daß es nicht keimt, weil es zu trocken liegt, ist dabei groß. Einfacher sind Keimapparate (Reformhaus).
Bis die Körner verwendbar sind, sollte der weiße Keimling sichtbar und das Korn zwischen Daumen und Zeigefinger quetschbar sein. Bei Roggen, Weizen, Hafer und Sojabohnen dauert dies ca. 3 Tage.
Durch Selbstkeimen schafft man eine gute Möglichkeit, wertvolle Getreidenahrung immer in roher Form essen zu können. Interessant dabei ist, daß sich bestimmte Inhaltsstoffe des Getreides durch das Keimen sogar vermehren.

Grundrezept für vorgequollene und gekochte Körner

4 Portionen · je E 5 g, F 1—2 g, KH 35 g, Kal. 190, Joule 760

Ca. 200—250 g Getreidekörner (Weizen, Roggen, Buchweizen, Gerste, Hafer und Grünkern)
1 TL Hefewürze, körnig
1—2 l Wasser

Die Körner ca. 1 Tag einweichen (2—3 Stunden reichen auch) und dann samt Einweichwasser ca. 1 Stunde bei kleiner Flamme garen. (Wenn vorhanden, nach dem Ankochen in einer Kochkiste ausquellen lassen.)
Sie können dann je nach Verwendungsform pikant oder süß gewürzt und weiterverarbeitet werden.
Einfach nur mit gehackter Petersilie, Hefewürze oder geriebenem Käse vermischt, sind so verarbeitete Getreidekörner eine gute Beilage für viele Gerichte.

Hirseauflauf

(Abb. Seite 81)

4 Portionen · je E 18 g, F 14 g, KH 44 g, Kal. 376, Joule 1580

20 g Kaltpreßöl (2 EL)
1 kleine Zwiebel (50 g)
200 g Hirse
½ l Flüssigkeit
Hefewürze
Pfeffer
Vollmeersalz
Lorbeerblatt
200 g Champignons
200 g Erbsen (tiefgekühlt oder blanchiert)
1 Knoblauchzehe, zerdrückt
10 g Sojamehl
2 Eier
2 EL Magermilchpulver
4 EL Wasser
Muskat
Pfeffer, Salz
50 g geriebener Käse

In heißem Pflanzenöl die geschnittene Zwiebel und die gewaschene Hirse kurz andünsten. Mit heißer Flüssigkeit auffüllen, mit Hefewürze, Pfeffer, Salz abschmecken und zusammen mit dem Lorbeerblatt ca. 15 Minuten kochen (bei kleiner Flamme und geschlossenem Deckel). Hirse mit Champignons, Erbsen, Knoblauch und Sojamehl vermengen.
Eier, Magermilchpulver, Wasser und Gewürze verquirlen und über die Gemüsehirse geben. In eine gefettete Auflaufform geben und mit Käse überstreuen. Bei 200—250 Grad (Stufe 3—4) ca. 15 Minuten im Backofen überbacken.
Dazu einen bunten Salatteller reichen.

Hirsotto X

4 Portionen · je E 6 g, F 7 g, KH 36 g, Kal. 238, Joule 999

160—200 g Hirse
20 g Kaltpreßöl
1 kleine Zwiebel
1 EL Gemüsebrühe-Extrakt
400 ccm Wasser
1 Lorbeerblatt
Pfeffer
Salz
Paprika

Hirse waschen, abtropfen lassen und in heißem Öl zusammen mit der geschnittenen Zwiebel kurz andünsten.
Wasser mit der Gemüsebrühe, Lorbeerblatt, Pfeffer, Salz und Paprika zum Kochen bringen und zu der Hirse geben. Bei geschlossenem Deckel ca. 15—20 Minuten garen. Nicht umrühren, nur die Platte zurückschalten.

Grünkern

Grünkernbratlinge

4 Portionen · je E 6 g, F 12 g, KH 27 g, Kal. 251, Joule 1054

100 g Grünkern geschrotet
knapp ¼ l Wasser
Salz, Lorbeerblatt
1 Zwiebel
1 kleine Dose
vegetarische Paste (60 g)
1—2 Eier
30—50 g Vollkornbrösel
10—20 g Weizenkeime
Majoran
Pfeffer
Hefewürze
Salz
gehackte Petersilie
20—30 g Pflanzenfett
zum Ausbraten

Grünkernschrot in Wasser mit Salz, Lorbeerblatt und Zwiebel aufkochen und ausquellen lassen. Ab und zu umrühren, nach 20—30 Minuten das Lorbeerblatt entfernen und die vegetarische Paste einarbeiten. Die Masse abkühlen lassen. Ei, Brösel, Weizenkeime und die Gewürze untermengen. Gut abschmecken und 8 kleine Frikadellen formen. In heißem Pflanzenfett nacheinander ausbraten.

Gefüllte Kohlrabi

4 Portionen · je E 6 g, F 8 g, KH 35 g, Kal. 240, Joule 960

4 Kohlrabi mittelgroß
Salz, Pfeffer
die Masse der Grünkernbratlinge

Die Kohlrabi aushöhlen und in Wasser ca. 10 Minuten kochen. Leicht salzen und pfeffern.
Die Grünkernmasse zubereiten (siehe Rezept »Grünkernbratlinge«) und die Kohlrabi damit füllen. In eine gefettete Auflaufform setzen, mit wenig Wasser angießen und ca. 30—50 Minuten bei 200 Grad überbacken.

Weizen

Weizenschrotauflauf pikant

4 Portionen · je E 14 g, F 14 g, KH 26 g, Kal. 407, Joule 1709

150 g Möhren
150 g Sellerie
1 Stange Lauch
30 g Kaltpreßöl
150 ccm Wasser
1 EL Gemüsebrühe (Extrakt)
½ l Milch
100—120 g Weizenschrot
Salz, Pfeffer
3 Eier, getrennt
10—20 g Sojamehl (1—2 EL)
20 g Hefeflocken (1—2 EL)
50 g geriebener Käse 45 % F. i. Tr.

Gemüse waschen und kleinschneiden. In heißem Pflanzenöl kurz andünsten. Mit in Wasser aufgelöster Gemüsebrühe angießen. Aufkochen lassen. Die Milch und Weizenschrot zugeben, aufkochen und ca. 15—20 Minuten quellen lassen. Salz, Pfeffer, Eigelb, Sojamehl und Hefeflocken untermengen. Zum Schluß das geschlagene Eiklar vorsichtig unterziehen. Mit Käse überstreuen.
Bei 220 Grad (Stufe 4) ca. 30 Minuten überbacken.
Dazu schmecken Grilltomaten.

Sesam-Waffeln

8 Waffeln · je E 9 g, F 18 g, KH 25 g, Kal. 325, Joule 1300

150 g Weizenmehl (Typ 1050)
100 g Weizenschrot
100 g Sesamkörner
½ P. Trockenhefe
Salz nach Geschmack
100 g Butter
200—250 ccm Milch
2—3 Eier
30 g flüssiger Honig (3—4 EL)

Weizenmehl, Schrot, die Hälfte des Sesams, Trockenhefe, Salz, flüssige Butter, Milch, Eier und Honig zu einem nicht zu dünnen, aber noch flüssigen Teig verrühren. Ca. 20—30 Minuten gehen lassen.
Das Waffeleisen vorheizen, einfetten und mit Sesamkörnern bestreuen. Den Teig mit einer Schöpfkelle hineingeben, zusammenklappen und die Waffeln in ca. 5—7 Minuten backen (wenn sich das Waffeleisen regulieren läßt, dann auf mittlerer Stufe).
Waffeln schmecken am besten ganz frisch und sind beliebt bei Kindergeburtstagen, Einladungen, als Mahlzeit mit säuerlichem Kompott oder zum Sonntagsfrühstück.

Dampfnudeln aus Vollkornmehl

6 Portionen · je E 12 g, F 10 g, KH 65 g, Kal. 410, Joule 1640

500 g Weizenkörner, Weizenschrot oder Weizenmehl (Typ 1050)
40 g Hefe oder 1 P. Trockenhefe
1 EL Zucker
¼ l Milch
40 g Honig (2 EL)
1 Prise Salz
1 Prise Zimt
50 g ungehärtete Pflanzenmargarine
⅛ l Milch
1 P. Vanillezucker

Weizen sehr fein schroten, in eine große Schüssel geben, in die Mitte eine Mulde drücken.

Hefe mit Zucker und einem Teil der lauwarmen Milch verrühren, in die Mehlmulde geben und ca. 20 Minuten gehen lassen. Mit dem Rest der Milch, Honig, Salz, Zimt und der Pflanzenmargarine gut zu einem glatten Teig verrühren, ca. 30 Minuten gehen lassen. Nochmals durchkneten, ca. 8—10 Klöße formen und nebeneinander in eine gefettete Auflaufform setzen. Nochmals ca. 20 Minuten an warmer Stelle gehen lassen, mit der lauwarmen Milch und Vanillezucker übergießen und zugedeckt ca. 40 Minuten bei 200 Grad backen. Die Dampfnudeln sollten leicht bräunlich und die Milch aufgesogen sein. Dazu paßt Heidelbeer-, Preiselbeer- oder Pflaumenkompott.

Reis

Das Reiskorn hat zwei Schalen. Die harte, wertlose, unverdauliche Hülse und das sogenannte Silberhäutchen, Träger von Vitaminen und Mineralstoffen.
Reis, bei dem die äußere Hülle entfernt, das Silberhäutchen aber noch erhalten ist, nennt man *Naturreis.* Er ist immer ungeschält, auch nicht poliert und enthält so noch alle Nährstoffe. Er ist hellbraun und schimmert leicht silbrig an der Oberfläche, bleibt auch beim Kochen bräunlich. Ähnlich ist *Parboiled Reis.* Durch ein besonderes Verfahren werden Vitamine und Mineralstoffe mit Dampf ins Innere gedrückt und das Korn wird dann erst ausgeschält. Er ist dadurch heller als Naturreis.
Weißreis dagegen wird sofort geschält und poliert. Es fehlen ihm dadurch wichtige Vitamine, Mineralstoffe und Ballaststoffe. Der Sättigungswert ist geringer, darum ißt man mehr.

Reis — Grundrezept

4 Portionen · je E 4 g, F 6 g, KH 40 g, Kal. 241, Joule 1012

200 g Naturreis
20 g Kaltpreßöl
1 Zwiebel
½ l Wasser
1 EL Gemüsebrühe (Extrakt)
Lorbeerblatt
Pfeffer
Salz
Hefewürze

Naturreis waschen. Abtrocknen und zusammen mit der geschnittenen Zwiebel in heißem Pflanzenöl leicht andünsten. Wasser mit Gemüsebrühe, Lorbeerblatt, Pfeffer, Salz und Hefewürze zum Kochen bringen. Über den Reis gießen. Bei geschlossenem Topfdeckel 30—40 Minuten ausquellen lassen. Dieses Rezept kann mit verschiedenem Gemüse oder Gewürzen verändert werden, z. B. mit Erbsen zu *Risi Bisi.*

Reissalat mit Lauch

4 Portionen · je E 10 g, F 13 g, KH 40 g, Kal. 270, Joule 1134

100 g Naturreis (Langkorn)
500 g Lauch (2 Stangen)
½ Päckchen Tiefkühlerbsen
2 Scheiben Ananas
100 g gewürfelter Gouda 40 % F. i. Tr.

Sauce:
30 g Sonnenblumenöl (3 EL)
2 EL Obstessig
Salz
Zucker
Pfeffer
1 zerdrückte Knoblauchzehe
1 mittelgroße, gehackte Zwiebel
1 EL gehackte Petersilie

Den Reis in reichlich kochendem Wasser ca. 12 Minuten garen. Auf einem Sieb abtropfen und abkühlen lassen. Lauch waschen und in kleine Streifen schneiden.
Die Erbsen kurz überbrühen, abgießen und abkühlen lassen.

Reis, Lauch, Erbsen, gewürfelte Ananas und gewürfelten Käse miteinander vermischen. Die sehr pikante Salatsauce aus den angegebenen Zutaten darübergießen. Vermengen und kurz durchziehen lassen.

Mais

Polenta

4 Portionen · je E 8 g, F 1 g, KH 60 g, Kal. 281, Joule 1170

¾—1 l Wasser	*1 Prise Zucker*
1 TL Salz	*250—300 g Maismehl*

Das Salzwasser zum Kochen bringen und das Maismehl einstreuen. Öfter umrühren und ausquellen lassen — ca. 20 Minuten (Vorsicht, daß der Brei nicht anbrennt). Als Beilage zu Fleisch und Gemüsegerichten.
Je nach Hauptgericht kann man die Polenta mit geriebenem Käse, Butterflöckchen oder frisch gehackten Kräutern bestreuen. Auch mit Kompott und eingeweichtem Trockenobst ist sie sehr beliebt.

Maiswaffeln mit Mandeln

8 Waffeln · je E 8 g, F 15 g, KH 30 g, Kal. 300, Joule 1200

200 g Maismehl	*3 Eier*
50 g Weizenmehl (Typ 1050)	*50 g Butter*
80—100 g gehackte Mandeln	*200—250 ccm Wasser*
	60 g Honig
	1 Schuß Rum

Maismehl, Weizenmehl, gehackte Mandeln, Eier, flüssige Butter, Wasser, Honig und Rum zu einem flüssigen Teig verarbeiten. Waffeleisen vorheizen, einfetten und den Teig mit einer Schöpfkelle hineingeben. Nicht zu heiß 5—7 Minuten backen. Ganz frisch mit Vanillesoße serviert, schmecken die Waffeln besonders gut!

Maisschnitten pikant

4 Portionen · je E 8 g, F 10 g, KH 42 g, Kal. 320, Joule 1280

1 l Wasser
Meersalz oder
Vollmeersalz
Hefewürze
250 g Maisgrieß
50 g Maismehl
2 Eier
80—100 g Vollkornsemmelbrösel
Kokosfett zum Ausbraten

Wasser zum Kochen bringen und würzen. Maisgrieß einlaufen lassen und ca. 15 Minuten bei kleiner Flamme kochen lassen, Maismehl zugeben. Nochmals ca. 10 Minuten unter ständigem Rühren (bis sich der Brei vom Boden löst) kochen lassen.
Den dicken Brei auf einem Backbrett (oder auf dem Tisch auf Alufolie) ca. 1½—2 cm dick ausstreichen, erkalten lassen und in Rechtecke, Dreiecke oder Quadrate schneiden. Diese zuerst in verquirltem Ei, dann in Semmelbröseln wenden und in heißem Kokosfett braten.
Dazu passen Pilz- und Gemüsegerichte. Die Schnitten können aber auch mit Honig abgeschmeckt und dann zu eingeweichtem Trockenobst serviert werden.

Buchweizen

Buchweizenbrei

4 Portionen · je E 15 g, F 4 g, KH 47 g, Kal. 285, Joule 1197

¾—1 l fettarme Milch
200 g Buchweizen (vorgequollen)
1 Prise Salz
1 Prise Zucker

Milch zum Kochen bringen. Salz, Zucker und den Buchweizen zugeben. Ca. 20—25 Minuten bei kleiner Flamme ausquellen lassen.

Der Brei kann mit Honig, Trockenobst oder Kompott serviert werden.
Nimmt man zum Kochen statt Milch Gemüsebrühe, kann er auch mit geschnittenem Gemüse vermengt und mit Käse bestreut nochmals überbacken werden.

Buchweizenauflauf mit Käse

4 Portionen · je E 16 g, F 16 g, KH 40 g, Kal. 380, Joule 1520

200—250 g Buchweizen
ca. ½ l Gemüsebrühe (Extrakt)
1 mittelgroße Zwiebel
1 rote Paprika
20 g Pflanzenmargarine
Pfeffer, Salz
Kräuter der Provence
1—2 Knoblauchzehen
3 Eier, getrennt
100 g geriebener Käse

Buchweizen grob schroten und ca. 2—3 Stunden in gut abgeschmeckter Brühe einweichen.
Die kleingehackten Zwiebeln und die gewürfelten Paprika in Pflanzenfett andünsten und mit dem gequollenen Buchweizen vermischen. Bei sehr kleiner Flamme ca. 20—30 Minuten ausquellen. Das steifgeschlagene Eiklar unterziehen und die Masse in eine gefettete Auflaufform geben. Mit geriebenem Käse bestreuen und bei 200 Grad (Stufe 3) ca. 35—40 Minuten backen.

Nudelauflauf mit Pilzen

(Abb. Seite 161)

4 Portionen · je E 18 g, F 14 g, KH 70 g, Kal. 490, Joule 1960

300—400 g Vollkornhörnchen (Reformhaus)
1½—2 l Wasser
Salz
20 g Pflanzenmargarine, ungehärtet
100 g Zwiebel (mittelgroß)
250 g frische Champignons (oder 1 kleine Dose)
gekörnte Brühe
Salz
Pfeffer
Paprika edelsüß
2 Eier
150 g saure Sahne
1 Schuß Milch
Muskatnuß
Salz
Hefewürze

Die Vollkornhörnchen in Salzwasser ca. 10—15 Minuten sprudelnd kochen, dann abtropfen lassen. Pflanzenmargarine erhitzen, die geschnittenen Zwiebeln und Pilze leicht andünsten. Alles miteinander vermischen, würzen und in eine gefettete Auflaufform geben.
Eier mit saurer Sahne, Milch und den Gewürzen verquirlen und über die Nudel-Pilzmasse geben. Im Backofen bei 200 Grad (Stufe 3) ca. 25—30 Minuten überbacken.

Spaghetti mit Paprika

4 Portionen · je E 20 g, F 17 g, KH 52 g, Kal. 459, Joule 1928

250 g Vollkorn-Spaghetti
1 TL Salz
1—2 grüne Paprikaschoten
2 mittelgroße Zwiebeln
20 g Pflanzenöl
150 ccm Milch
3 EL Sahne
2 Eier
Salz
Muskat
Pfeffer
100 g geriebener Käse 40 % F. i. Tr.
je 1 Bund Petersilie, Schnittlauch (gehackt)

Die Spaghetti in reichlich Salzwasser 10—15 Minuten kochen. Paprikaschoten waschen, in kleine Würfel schneiden, ebenfalls die geschälten Zwiebeln. In Pflanzenfett leicht dünsten. Milch, Sahne, Eier, Gewürze, den geriebenen Käse und Petersilie miteinander verquirlen.
Die Spaghetti abgießen, in eine ausgefettete feuerfeste Form geben, mit den Paprika- und Zwiebelstückchen vermischen und mit der Milch-Ei-Masse übergießen. Bei 220 Grad (Stufe 4) ca. 15 Minuten überbacken.
Mit gehacktem Schnittlauch bestreuen.

Nudelpfanne mit Zucchini und Käse

(Abb. Seite 161)

4 Portionen · je E 20 g, F 23 g, KH 55 g, Kal. 520, Joule 2080

250 g Vollkornhörnchen
1½ l Salzwasser
20 g Pflanzenmargarine, ungehärtet
200 g Zwiebel (2 mittelgroße)
250 g Zucchini
Salz und Pfeffer
4 Eier
150 ccm Milch (1 Tasse)
Hefewürze
1—2 zerdrückte Knoblauchzehen
Salz, Pfeffer
Kräuter der Provence
30—40 g Kokosfett
4 EL geriebener Käse

Die Vollkornnudeln in Salzwasser ca. 10—15 Minuten kochen und abtropfen lassen.
In heißer Pflanzenmargarine die Zwiebel- und Zucchinischeiben andünsten, mit sehr wenig Flüssigkeit ca. 5—10 Minuten garen und abschmecken. Eier mit Milch verrühren und sehr pikant abschmecken. Kokosfett in der Pfanne erhitzen und aus Nudeln, Zucchini und Eimasse nach und nach 4 Omeletts backen. Mit Käse bestreuen.

Gesunde Nachspeisen

Nachspeisen sollen ein Menü inhaltlich und geschmacklich abrunden. Allerdings muß es nicht immer ein süßer Abschluß sein, denn viele Menschen wollen den pikanten Wohlgeschmack des Hauptganges behalten und wählen, wie unsere französischen Nachbarn, eher Käse oder frische Früchte als Dessert.
Nachspeisen, auf die wir besser verzichten, enthalten sehr viel Zucker, meistens noch große Mengen an Fett und Alkohol und sind dadurch sehr kalorienreich und evtl. sogar gesundheitsschädlich. In der Naturküche gibt es Leckereien aus Milch, Quark, Joghurt, Obst, Säften mit wenig Zucker, eher Honig, mit Nüssen und nur winzigen Mengen an Alkohol, die zum großen Teil auch für Schlankheitsmenüs geeignet sind und aus Zutaten bestehen, die dem Körper nicht nur Kalorien, sondern auch essentielle Nährstoffe liefern.

Milch- und Quarkspeisen

Apfelsinenquark

4 Portionen · je E 11 g, F 1 g, KH 15 g, Kal. 113, Joule 474

250 g Magerquark
0,2 l Apfelsinensaft
Saft von 1 Zitrone
1 EL Honig
1 Apfelsine

Quark mit Apfelsaft und Honig gut verrühren (am besten Elektrohandrührer). Die Apfelsine schälen und in gleichmäßige Stücke schneiden. Einen Teil unter die Quarkcreme mischen, mit dem Rest garnieren.

Fruchtschale mit Dickmilch

4 Portionen · je E 4 g, F 4 g, KH 29 g, Kal. 172, Joule 722

Je 1 Apfel, Apfelsine, Birne, Banane (oder anderes Obst nach Jahreszeit, je 150 g)
1—2 EL Birnendicksaft
Saft von 1 Zitrone
¼ l Dickmilch 3,5 % F
2 EL gehackte Nüsse

Das Obst wenn nötig schälen, mit Birnendicksaft und Zitronensaft vermischen. In vier Portionsschälchen verteilen, mit der geschlagenen Dickmilch überziehen (nicht unterrühren) und mit Nüssen bestreuen.

Bananenquark mit Zimt

4 Portionen · je E 10 g, F 4 g, KH 16 g, Kal. 133, Joule 558

200 ccm fettarme Milch
1—2 EL Honig
1 mittelgroße Banane
1 TL Zimt
250 g Magerquark

Milch, Honig, Banane und Zimt im Mixer pürieren und anschließend mit dem Quark verrühren.

Dattelquark

4 Portionen · je E 15 g, F 10 g, KH 28 g, Kal. 254, Joule 1066

250 g Magerquark
200 ccm Milch
1 EL Honig
125 g Datteln
50 g Mandeln

Quark mit Milch und Honig gut verrühren. Datteln und Mandeln fein schneiden und hinzugeben. Mit je 1 Dattel garnieren.

Heidelbeerquark

4 Portionen · je E 14 g, F 1 g, KH 17 g, Kal. 135, Joule 567

250 g Magerquark
200 ccm Milch
Saft von 1 Zitrone
250 g Heidelbeeren, frisch oder tiefgekühlt

Quark mit Milch und Zitronensaft gut verrühren. Die frischen oder aufgetauten Heidelbeeren vorsichtig unterziehen.

Erdbeerquark

4 Portionen · je E 13 g, F 2 g, KH 15 g, Kal. 145, Joule 609

250 g Magerquark
200 ccm Milch
Saft von 1 Zitrone
250 g Erdbeeren
1—2 EL gehackte Nüsse

Quark mit Milch und Zitronensaft gut verrühren. Die kleingeschnittenen Erdbeeren vorsichtig unterziehen (evtl. auch pürieren) und mit Nüssen garnieren.

Haselnußquark

4 Portionen · je E 14 g, F 10 g, KH 11 g, Kal. 200, Joule 840

250 g Magerquark
200 ccm Milch
2 EL Honig
1 Päckchen Vanillezucker
Saft von 1 Zitrone
30 g Haselnußmus (3 EL)
20 g gehackte Nüsse (2 EL)

Quark mit Milch, Honig, Vanillezucker, Zitronensaft und Nußmus gut verrühren. Die gehackten Nüsse unterziehen.

Pfirsich mit Quarkcreme

4 Portionen · je E 9 g, F 2 g, KH 20 g, Kal. 140, Joule 588

4 Pfirsichhälften
125 g Magerquark
$\frac{1}{4}$ l Milch 1,5 % F
1 Päckchen Vanillezucker
2 EL gehackte Nüsse

Pfirsich enthäuten und teilen. Die Quarkcreme in Glasschälchen geben und die Pfirsiche vorsichtig in die Mitte legen. Den Rand mit Nüssen bestreuen.

Birnen mit Quarkcreme

4 Portionen · je E 7 g, F 0 g, KH 17 g, Kal. 100, Joule 420

4 Birnen
Weißwein zum Dünsten
1 EL Ahornsirup
1 Zitronenspirale
$\frac{1}{2}$ Stange Zimt
3 Nelken
150 g Magerquark
etwas Milch
Vanillezucker
Pfirsichstückchen

Die Birnen schälen und ganz, mit Weißwein bedeckt, ca. 10 Minuten schwach köcheln lassen. Sirup, Zitronenspirale und Gewürze mitkochen. Die Birnen im Wein erkalten lassen. Zum Servieren in eine tiefe Schüssel setzen und mit verrührtem Quark und Pfirsichstückchen garnieren.

Bananen in Folie

4 Portionen · je E 2 g, F 1 g, KH 30 g, Kal. 136, Joule 571

4 Bananen
4 rechteckige Stücke Alufolie
Saft von 2 Zitronen
etwas Wein
2 EL gehackte Nüsse
2 EL Honig

Bananen schälen und jeweils auf eine Alufolie legen. Die Ränder der Folie hochdrücken und die Banane mit Zitronensaft und Wein beträufeln. (Es soll etwas Flüssigkeit in der Folie stehen bleiben.)
Honig und Nüsse auf den Bananen verteilen. Die Folie zusammendrücken und ca. 40 Minuten bei 220—240 Grad (Stufe 4—5) im Backofen backen.

Bratäpfel mit Hagebuttenfüllung

4 Portionen · je E 3 g, F 1 g, KH 17 g, Kal. 90, Joule 360

4 Äpfel, mittelgroß
2 EL Hagebuttenmus (20 g)
2 EL Magerquark (30 g)
1—2 Eigelb
etwas Zimt
1 TL Honig
evtl. Saft von ½ Zitrone

Die gewaschenen Äpfel abtrocknen und die Kerngehäuse mit einem Ausstecher entfernen. Hagebuttenmus, Magerquark, Eigelb, Zimt, Honig und eventuell Zitronensaft miteinander verrühren und die Äpfel damit füllen. Im vorgeheizten Backofen bei 220 Grad (Stufe 4) 20—30 Minuten braten.
Der Hagebuttenmasse können auch gehackte Nüsse, Sesamsamen oder Rosinen zugegeben werden.

Gemischter Obstsalat

4 Portionen · je E 2 g, F 8 g, KH 27 g, Kal. 197, Joule 287

600 g Obst je nach Jahreszeit
Saft von 2 Zitronen
20—30 g Rosinen
50 g Nüsse
1 Schuß Kirschwasser

Obst vorbereiten und kleinschneiden. Mit Zitronensaft beträufeln. Rosinen und die gehackten Nüsse untermischen und zum Schluß das Kirschwasser zugeben.

Trauben-Bananen-Salat

4 Portionen · je E 2 g, F 5 g, KH 18 g, Kal. 143, Joule 600

500 g Weintrauben
1 kleine Banane (100 g)
1 EL Himbeergeist
40 g gehackte Haselnüsse

Weintrauben waschen, halbieren und entkernen. Banane schälen und kleinschneiden. Mit Zucker und Himbeergeist abschmecken. Mit Haselnüssen überstreuen.

Apfelsalat

4 Portionen · je E 2 g, F 4 g, KH 28 g, Kal. 162, Joule 680

4 mittelgroße Äpfel (à 150 g)
Saft von 1 Zitrone
1 TL Ahornsirup
30 g gehackte Mandeln (2 EL)
50 g Rosinen

Äpfel kleinschneiden, mit Zitronensaft beträufeln und, wenn nötig, etwas süßen. Die gehackten Mandeln und die zuvor eingeweichten Rosinen damit vermengen.

Rote Grütze

8 Portionen (ohne Sahne) ·
je E 2 g, F 0 g, KH 78 g, Kal. 315, Joule 1323

750 g Sauerkirschen, entsteint
je 250 g rote Johannisbeeren, schwarze Johannisbeeren und Himbeeren, frisch oder tiefgefroren
⅛ l Himbeersirup
150 g Stärkepuder
150 g Süßkirschen

Sauerkirschen, rote und schwarze Johannisbeeren und Himbeeren gründlich waschen. Alle Früchte mit etwas Wasser aufkochen. Durch ein Sieb streichen. Das Fruchtpüree mit Wasser zu eineinhalb Litern auffüllen. Himbeersirup unterrühren und aufkochen. Den Stärkepuder mit etwas Wasser verrühren und den Fruchtsaft damit binden. Die süßen Kirschen waschen, entsteinen und einmal in der roten Grütze aufkochen. In einer Schüssel abkühlen lassen und kaltstellen. Dazu gibt es flüssige Schlagsahne (original) oder Milch (spart Kalorien).

Aprikosengrütze

4 Portionen · je E 3 g, F 0 g, KH 45 g, Kal. 205, Joule 820

1 Flasche Aprikosennektar (0,7 —0,75 l)
250 ccm Wasser
100—120 g Perltapioka (Sago)
Saft von 1 Zitrone
2 P. Vanillezucker
Zitronenschale ungespritzt

Aprikosennektar mit Wasser auffüllen, zum Kochen bringen. Perltapioka zugeben und ca. 15—20 Minuten bei kleiner Flamme ausquellen lassen. Abkühlen lassen und mit Zitronensaft und Vanillezucker abschmecken. Zitronenschale raspeln und damit die ausgekühlte Grütze garnieren.

Johannisbeergrütze

4 Portionen · je E 4 g, F 9 g, KH 32 g, Kal. 235, Joule 940

Ca. 100 g grob geschrotete Roggenkörner
knapp 1 l Wasser
1 Prise Vollmeersalz
1 Prise Zucker
250—300 g Beeren (rote Johannisbeeren und schwarze Johannisbeeren)
etwas Johannisbeersirup
Saft von ½ Zitrone
⅛ l Sahne

Roggenkörner grob schroten. In kochendem Wasser mit Salz und Zucker ca. 20—30 Minuten bei kleiner Flamme ausquellen lassen. Auskühlen lassen, dann die vorbereiteten Beeren unterrühren. Mit wenig Sirup und Zitronensaft abschmecken. In tiefe Teller füllen und bei Tisch mit flüssiger Sahne begießen.
Die Grütze kann auch mit Blaubeeren hergestellt werden.

(Abbildungen Seite 208)

Apfelschaum

4 Portionen · je E 1 g, F 11 g, KH 22 g, Kal. 197, Joule 827

Ca. 600 g Apfelmus
½ TL Zimt
Saft von 1 Zitrone
⅛ l Sahne
2 EL Schokoraspeln

Apfelmus mit Zimt und Zitronensaft verrühren. Die geschlagene Sahne unterziehen und mit Schokoraspeln garnieren.

Gepfefferte Erdbeeren

4 Portionen · je E 2 g, F 9 g, KH 10 g, Kal. 139, Joule 583

500 g Erdbeeren
schwarzer Pfeffer aus der Mühle
⅛ l süße Sahne (eisgekühlt)

Erdbeeren waschen und in Portionsschälchen geben. Mit Pfeffer bestreuen und die eisgekühlte ungeschlagene Sahne darübergießen.

Warme Desserts

Palatschinken mit Quarkfüllung

4 Portionen · je E 19 g, F 24 g, KH 42 g, Kal. 468, Joule 1965

120 g Mehl (Typ 1050)
¼ l Milch
Salz
1 EL Honig
2 Eier
20 g Kaltpreßöl

Füllung:
250 g Quark 40 % F
1 EL Honig
2 Eidotter
50 g Rosinen
etwas Rum
20 g Butter

Mehl mit Milch, Salz, Honig und Eiern verrühren. In heißem Öl dünne Pfannkuchen backen. Für die Füllung Quark mit Honig, Eigelb und Rum gut verrühren. Die Rosinen zugeben. Die kalten Pfannkuchen dick mit dieser Quarkmasse bestreichen und zusammenrollen. Nebeneinander in eine Auflaufform setzen, mit Butterflöckchen bestreuen und nochmals ca. 20 Minuten bei 200 Grad (Stufe 3) überbacken.
Da dieses Rezept kalorienreich ist, sollte es nach einem sehr kalorienarmen Hauptgang, beispielsweise einer Salatplatte oder einer Suppe, gegessen werden.

Apfelauflauf
(für Diabetiker geeignet)

4 Portionen · je E 10 g, F 14 g, KH 24 g, Kal. 262, Joule 1100

400—600 g Äpfel
Saft von 2 Zitronen
4 Eier
50 g Haselnüsse
20—30 g Fruchtzucker

Äpfel schälen — das Kernhaus ausstechen — und mit Zitronensaft fast gar dünsten, dann in eine gefettete Auflaufform geben. Eigelb, gemahlene Nüsse und Fruchtzucker cremig rühren und den geschlagenen Eischnee unterheben. Die Schaummasse auf den Äpfeln verteilen und bei 180 Grad (Stufe 2) ca. 20 Minuten überbacken.

Honig-Flan

4 Portionen · je E 10 g, F 12 g, KH 13 g, Kal. 200, Joule 800

¼ l Milch
2 EL Sahne
3—4 EL Honig
(Linde, Akazie)
4 Eier
1 P. Vanillezucker oder
Naturvanille

Milch, Sahne, Honig und ganze Eier verquirlen (jedoch nicht schaumig schlagen). Mit Vanille abschmecken.
Die Masse in 4 ausgefettete feuerfeste Auflaufförmchen (es können auch Tassen verwendet werden) füllen.
Bei 80—100 Grad (Stufe 1) ca. 1¼ Stunde stocken lassen.

Weizenschrotklößchen mit Quark

4 Portionen · je E 11 g, F 5 g, KH 38 g, Kal. 260, Joule 1040

150 g Magerquark
1 Ei
10 g Pflanzenöl
150 g Weizenschrot
50—70 g Rosinen
20 g Honig (2 EL)
1 Prise Salz

Alle Zutaten miteinander vermengen und etwa 10 Minuten quellen lassen. Klöße abstechen und in leise kochendem Salzwasser 10—15 Minuten garen.
Dazu schmeckt Heidelbeerkompott.

Weizenschrotpfannkuchen, süß

4 Portionen · je E 8 g, F 16 g, KH 40 g, Kal. 390, Joule 1560

200 g Weizenschrot (fein gemahlen)
2—3 Eier getrennt
⅛ l Milch oder Wasser
½ TL Salz
20 g Honig (1—2 EL)
50 g grob gehackte Haselnüsse
10 g Kokosfett

Weizenschrot, Eigelb, Milch, Salz, Honig und Nüsse verrühren, den steifgeschlagenen Eischnee unterziehen. Den Teig mit einer Schöpfkelle in die Pfanne geben und von beiden Seiten Pfannkuchen ausbacken.

Brot, Gebäck und Kuchen aus Vollkornmehl

Das Getreidekorn in seiner Ganzheit ist eine kostbare natürliche Nahrungskonserve. Im Inneren befindet sich hauptsächlich Stärke, während die wertvollen Vitamine, Mineralstoffe und Ballaststoffe in den Randschichten und im Keim zu finden sind. Als die Menschen anfingen, ein blütenweißes Mehl herzustellen, beraubten sie sich selbst dieser wichtigen Stoffe.

Heute bäckt man wieder mehr mit Vollkornmehl. Es ist hochwertiger und das Sättigungsgefühl hält aufgrund des hohen Ballaststoffanteils länger an.

Schrot und Mehle unterscheiden sich durch verschiedene Feinheitsgrade, welche vom jeweiligen Ausmahlungsgrad abhängen. Mit zunehmendem Ausmahlungsgrad steigt der Anteil an Randschichten und Keimen im Mehl. Man kann dies, indem man das Mehl verascht, feststellen, wobei nur noch die Mineralstoffe übrigbleiben. Sie werden nach Gewicht angegeben und aus diesem resultiert die Typenzahl.

Eine *hohe* Typenzahl besagt, daß große Mengen an Mineralstoffen vorhanden sind. Der Ausmahlungsgrad ist höher und das Mehl hat eine dunklere Farbe. Eine *niedrige Typenzahl* besagt, daß dementsprechend wenig Mineralstoffe im Mehl vorhanden sind. Der Ausmahlungsgrad ist niedriger und das Mehl ist hell. Man unterscheidet bei Weizen die Typen: 1700 — Schrot, 1050, 540 und 405 (letzteres ist das überall angebotene Weißmehl). Bei Roggen 1800, 1340 und 927.

Selber backen ist wieder sehr beliebt geworden. Vor allem Brotbacken ist »in«. Mit selbstgebackenem Brot zeigt die Gastgeberin ihr wahres Können. Auch als »Mitbringsel« ist selbstgebackenes Brot oder ein selbstgebackener Kuchen sehr originell.

Tips für das Backen mit Vollkornmehl

- Wenn selbst gemahlen wird, darf das Getreide niemals zu frisch sein, und es muß in jedem Falle trocken gelagert werden. Vor allem die Mühlen mit Mahlsteinen verstopfen sonst sehr schnell.
- Zur Herstellung des Teiges benötigt man ca. ⅓ mehr Flüssigkeit als bei Weißmehl. Die Randschichten des Korns nehmen mehr Flüssigkeit auf und der Teig würde sonst zu »krümelig«.
- Auch die Menge an Triebmittel sollte um ca. ⅓ erhöht werden. Das Gebackene wird dadurch etwas lockerer, hält die Feuchtigkeit nicht so lange und ist dadurch leichter bekömmlich.
- Damit der Teig gut ausquellen kann, sollte er mindestens 1 Stunde vor dem Verbacken stehen.
- Als Triebmittel werden *Backhefe* und *Sauerteig* verwendet:
  Hefe gibt es in Form von frischer gepreßter Backhefe und auch als Trockenprodukt in Instantform.
  Sauerteig gibt es flüssig, eingeschweißt in Beuteln, durch die eigene Säuerung 2 Jahre haltbar, getrocknet in Instantform (beide Produkte Reformhaus) und außerdem besteht die Möglichkeit, Sauerteig selbst herzustellen. Als alleiniges Triebmittel reichen diese Sauerteigarten allerdings nicht aus und sollten deshalb mit geringen Mengen Hefe kombiniert werden.
- Damit Brotteig geschmeidig wird, muß er sehr gut (mit Ausdauer oder in der Küchenmaschine) geknetet werden.
- Um eine gute Lockerung zu erreichen, sollte der Teig (wenn es zeitlich möglich ist) mehrere Stunden gehen.
- Falls der Teig sehr weich ist, empfiehlt es sich, ihn in einer Kastenform zu backen.
- Um die Austrocknung und die Bildung einer sehr harten Kruste zu verhindern, muß das Brot (ebenfalls Brötchen) vor dem Backen mit lauwarmem Wasser bepinselt, das Blech etwas befeuchtet und eine Tasse Wasser mit in den Backofen gegeben werden.

— Damit das Brot einen matten Glanz bekommt, sollte es beim Herausnehmen nochmals bepinselt werden (evtl. mit Bier).

Sauerteig für Schrotbrot

(Reicht für 2 Brote)

Ca. 100 g Roggenschrot
1 TL gemahlener Kümmel
1 TL gemahlener Fenchel
1 EL Zucker
etwas lauwarme Buttermilch

Alle Zutaten zu einem dickflüssigen Brei verarbeiten und mit Mehl bestäuben, damit die Oberfläche nicht zu sehr austrocknet. Mit einem Tuch abdecken und an einen gleichmäßig warmen Platz stellen. Den Ansatz jeden Tag durcharbeiten, evtl. noch etwas lauwarmes Wasser zugeben.
Die Säuerung dauert 2—3 Tage.

Schrotbrot mit Sauerteig

Pro Schnitte · E 2 g, F 0 g, KH 16 g, Kal. 76, Joule 319

400 g Weizenschrot
250 g Roggenschrot
300—350 ccm lauwarme Milch
1—1½ Würfel Hefe (ca. 60 g)
1 TL Zucker
½ Tasse Sauerteig
2—3 TL Salz
1 TL gemahlener Kümmel
Sesam oder Mohn zum Bestreuen
lauwarme Milch zum Einpinseln

Mehl und Schrot in eine Schüssel geben und in die Mitte eine Mulde drücken.
Einen Teil der lauwarmen Milch mit Hefe und Zucker verrühren und in die Mulde geben. Ca. 15 Minuten gehen lassen, dabei mit einem Küchentuch abdecken. Dann die restliche Milch, den Sauerteig, Salz und Kümmel zugeben und alles miteinander vermischen. Gut mit der Hand oder der elektrischen Küchenmaschine durchkneten. Zu einem Laib formen und ca. 30 Minuten gehen lassen. Mit lauwarmer Milch einpinseln und mit Sesam oder Mohn bestreuen.
Bei 220 Grad (Stufe 4) im vorgeheizten Ofen ca. 50 Minuten backen. Eine Tasse Wasser mit in den Ofen geben, damit sich Dampf entwickeln kann.
Das Brot kann auch mit Koriander, Fenchel, Zwiebel, Knoblauch oder Kräutern gewürzt werden. Gut schmeckt es auch mit Sonnenblumenkernen, Kürbiskernen oder Walnüssen.

Buttermilchbrot mit Haferflocken

Pro Schnitte · E 5 g, F 1 g, KH 15 g, Kal. 80, Joule 336

500 g Weizenmehl (Typ 1050) oder leicht angesiebter Weizenschrot
100 g Haferflocken, mittlere Struktur
300—350 ccm Buttermilch
1—1½ Würfel Hefe (ca. 60 g)
1 TL Zucker
125 g Magerquark
2—3 TL Salz
etwas Fenchel
Haferflocken zum Bestreuen

Mehl und Haferflocken in eine Schüssel geben und in die Mitte eine Mulde drücken. Buttermilch erwärmen, einen Teil mit der Hefe und Zucker verrühren und in die Mulde geben. Mit einem Handtuch abdecken und ca. 15 Minuten bei guter Zimmertemperatur gehen lassen.
Dann die restliche Buttermilch, Quark, Salz und Fenchel zugeben und alles miteinander verrühren. Gut durchkneten (mit der Hand oder elektr. Küchenmaschine) und nochmals ca. 30 Minuten gehen lassen. Einen Laib formen, mit lauwarmem Wasser bepinseln und mit Haferflocken bestreuen.
Im vorgeheizten Backofen ca. 45—55 Minuten bei 200 bis 220 Grad (Stufe 3—4) backen.
1 Tasse Wasser mit in den Backofen geben, damit sich Dampf entwickeln kann. Das gibt eine schöne Kruste.

Leichtes Mischbrot

Pro Schnitte · E 2 g, F 0 g, KH 16 g, Kal. 76, Joule 319

250 g Weizenmehl (Typ 1050)
250 g Roggenmehl (Typ 1370)
150 g Weizenschrot
350—400 ccm lauwarmes Wasser
1—1½ Würfel Hefe (ca. 60 g)
1 TL Zucker
3—4 TL Salz
Schrot zum Bestreuen

Mehl und Schrot in eine Schüssel geben und in die Mitte eine Mulde drücken. Einen Teil des Wassers mit Hefe und Zukker verrühren und in die Mulde geben. Mit einem Handtuch abdecken und ca. 15 Minuten gehen lassen.
Dann das restliche Wasser und das Salz zugeben und alles gut miteinander verrühren. Gut durchkneten (mit der Hand oder elektr. Küchenmaschine) und nochmals ca. 30 Minuten gehen lassen. Teig in eine Kastenform geben, mit lauwarmem Wasser oder Milch bestreichen und mit Schrot bestreuen. Im vorgeheizten Backofen ca. 50—60 Minuten bei 200—220 Grad (Stufe 3—4) backen.
1 Tasse Wasser mit in die Röhre stellen.

Sonntagsbrot

20 Stück · je E 4 g, F 4 g, KH 28 g, Kal. 170, Joule 680

500 g Weizen, sehr fein gemahlen
1 Würfel Hefe
1 EL Zucker
¼ l Milch
1 Prise Salz
1 Ei
50 g Butter
5 EL Honig
250 g Rosinen
Milch und 1 Eigelb zum Bestreichen

Weizenmehl in eine Schüssel geben, in die Mitte eine Mulde drücken. Hefe mit Zucker und einem Teil der lauwarmen

Milch anrühren, in der Mulde ca. 15 Minuten gehen lassen. Die übrigen Zutaten zugeben und gut verkneten. Ca. 30 Minuten gehen lassen, wieder durchkneten, einen Stollen oder Brotlaib formen und auf einem gefetteten Backblech nochmals gehen lassen. Mit verquirltem Eigelb bestreichen. Im vorgeheizten Backofen bei ca. 200 Grad (Stufe 3) ca. 50 Minuten backen.
Der Teig sollte eher etwas weich sein und in einer Kastenform gebacken werden.

Brot mit Ganzkornweizen

Pro Schnitte · je E 2 g, F 0 g, KH 169 g, Kal. 76, Joule 319

150 g ganzer Weizen
450 g Mehl (Typ 1050)
150 g Roggenschrot
50 g Hefe
1 Prise Zucker
ca. ¼ l Milch
und Buttermilch
2 TL Vollmeersalz
1 Prise Koriander

Den Weizen 1 Tag vorquellen lassen. Dann ca. 40 Minuten bei kleiner Flamme garen. Mehl und Schrot in eine Schüssel geben, in die Mitte eine Mulde drücken.
Hefe zerbröseln, mit 1 Prise Zucker und etwas lauwarmer Milch verrühren und in die Mehlmulde geben. Ca. 15 Minuten bei guter Zimmertemperatur gehen lassen.
Den weichen Weizen zugeben, ebenfalls die restliche Milch und die Gewürze. Den Teig sehr gut durchkneten, formen und ca. 30 Minuten gehen lassen. Mit lauwarmem Wasser bepinseln und bei 200 Grad (Stufe 3) ca. 45—50 Minuten backen (1 Tasse Wasser mit in den Backofen stellen).

Kleiebrötchen

15 Brötchen · je E 3 g, F 2 g, KH 14 g, Kal. 97, Joule 407

400 g Weizenmehl (Typ 1050)
5—6 EL Weizenkleie
200 ccm warme Buttermilch
1 Würfel Hefe (40 g)
1 TL Zucker
2 TL Salz
30 g Kaltpreßöl (3 EL)
etwas Anis
Kleie zum Bestreuen

Mehl und Kleie in eine Schüssel geben und in die Mitte eine Mulde drücken. Einen Teil der Buttermilch mit Hefe und Zucker verrühren und in die Mulde geben. Ca. 15 Minuten gehen lassen. Den Rest der Buttermilch, Öl, Salz und Anis zugeben, miteinander vermischen, gut durchkneten.
Brötchen formen und nochmals 20—30 Minuten gehen lassen. Mit lauwarmem Wasser einpinseln und mit Kleie bestreuen.
Im vorgeheizten Ofen bei 200 Grad (Stufe 3) ca. 30—40 Minuten backen.
Diese Brötchen lassen sich gegebenenfalls gut einfrieren.

Leinsamenbrötchen

15 Brötchen · je ca. E 4 g, F 7 g, KH 14 g, Kal. 137, Joule 575

400 g Weizenmehl (Typ 1050)
100 g Leinsamenschrot
¼ l lauwarme Milch
1 Würfel Hefe (40 g)
1 EL Zucker
2—3 TL Salz
30—50 g Pflanzenmargarine
lauwarme Milch zum Bepinseln
2 EL Leinsamenschrot zum Bestreuen

Mehl und Leinsamenschrot in eine Schüssel geben, in die Mitte eine Mulde drücken. Einen Teil der lauwarmen Milch mit Hefe und Zucker verrühren und in die Mulde geben. Abgedeckt ca. 15 Minuten gehen lassen. Die restliche Milch, Salz und Margarine zugeben, alles gut miteinander vermischen. Gut durchkneten und Brötchen formen. Nochmals 20—30 Minuten gehen lassen. Mit lauwarmer Milch bepinseln und mit Leinsamenschrot bestreuen. Im vorgeheizten Ofen bei 200 Grad (Stufe 3) ca. 30—40 Minuten backen.

Weizenschrotbrötchen mit Mohn

15 Brötchen · je ca. E 3 g, F 4 g, KH 17 g, Kal. 113, Joule 474

350 g Weizenmehl
(Typ 1050)
150 g Weizenschrot
¼ l lauwarme Milch
1 Würfel Hefe
1 TL Zucker
1—2 TL Salz
50 g Pflanzenmargarine
lauwarme Milch
zum Bepinseln
Mohn zum Bestreuen

Mehl und Schrot in eine Schüssel geben, in die Mitte eine Mulde drücken.
Einen Teil der warmen Milch mit Hefe und Zucker verrühren, in die Mulde geben und ca. 15 Minuten gehen lassen.
Den Rest der Milch, Salz und Pflanzenmargarine zugeben und miteinander vermischen. Gut durchkneten. Brötchen formen, nochmals 20—30 Minuten gehen lassen. Oben einritzen, mit lauwarmer Milch bepinseln und mit Mohn bestreuen.
Im vorgeheizten Ofen bei 200 Grad (Stufe 3) ca. 30 Minuten backen.
Die Brötchen können auch mit Sesam, Haferflocken oder Sonnenblumenkernen gebacken werden.

Quark-Öl-Teig

150 g Magerquark
2—3 EL Milch
5 EL Kaltpreßöl
1 Ei
1 Päckchen Backpulver
300 g Weizenmehl (Typ 1050)

Quark mit Milch, Öl und Ei glattrühren. Mehl mit Backpulver vermischt unterrühren, mit der Hand durchkneten, bis der Teig nicht mehr klebt.
Bei 200 Grad (Stufe 3) ca. 30 Minuten abbacken.
Der Teig eignet sich sehr gut zur Herstellung von pikanten Kuchen wie Pizza, Land- und Zwiebelkuchen, ebenfalls zur Zubereitung von Plattenkuchen, Kranz- und Kleingebäck. Dann muß er entsprechend gesüßt werden.

Hefeteig

300 g Weizenmehl (Typ 1050) oder 400 g leicht ausgesiebter Weizenschrot
100 g Weizenschrot
30—40 g Hefe
1 Prise Salz
40—60 g Öl oder Pflanzenmargarine
4 EL Honig
bis zu ⅛ l lauwarme Milch
½ abgeriebene Zitronenschale (ungespritzt)
1 Ei

Mehl in eine Schüssel geben, in die Mitte eine Mulde drükken. Die Hefe fein hineinbröckeln, mit etwas Honig, der Hälfte der lauwarmen Milch und etwas Mehl zu einem Teig verrühren und mit Mehl bestäuben. Zugedeckt gehen lassen, bis der Teig Risse bekommt (ca. 20 Minuten). Dann das Ei und die übrigen Zutaten zu einem schönen glatten Teig verarbeiten, gut abschlagen. Wieder zugedeckt ca. 1 Stunde gehen lassen. Bei 200—225 Grad (Stufe 3—4) ca. 30 Minuten backen. Für pikante Kuchen den Honig weglassen.

Zwiebelkuchen

4 Portionen · je E 15 g, F 17 g, KH 47 g, Kal. 414, Joule 1738

Quark-Öl-Teig
(s. S. 200)

Belag:
20 g Pflanzenöl
750 g Zwiebeln
1—2 Becher saure Sahne
2 ganze Eier
Vollmeersalz
1 Prise Zucker
1 TL gemahlener Kümmel
schwarzer und
weißer Pfeffer
1 Prise gemahlener
Wacholder

Zwiebeln schälen und in feine Ringe schneiden. In Pflanzenöl andünsten und ca. 5—10 Minuten bei kleiner Flamme garen. Mit der Schaumkelle (damit die Flüssigkeit zurückbleibt) herausnehmen und auf dem ausgewellten Teig verteilen.
Sahne mit den Eiern verquirlen und mit Salz und Gewürzen abschmecken. Die Masse über die Zwiebeln geben und gleichmäßig verteilen.
Bei 220 Grad (Stufe 4) ca. 30—40 Minuten abbacken.
Der Zwiebelkuchen sollte heiß gegessen werden. Dazu serviert man neuen Wein.
Die Teigmenge reicht aus, um 1 großes rechteckiges Backblech zu belegen. Für dieses Rezept genügt die Hälfte des Teiges für eine runde Form mit 28—30 cm Durchmesser. Den Rest kann man 1—2 Tage im Kühlschrank aufbewahren oder einfrieren und bei anderer Gelegenheit eventuell auch mit Obst belegen.

Linzer Torte

12 Stück · je E 6 g, F 17 g, KH 34 g, Kal. 327, Joule 1373

125 g Pflanzenmargarine
100 g Honig
1 Ei
1 EL Zimt
1 Msp Nelken
Schale von ½ Zitrone (ungespritzt)
2 EL Kirschwasser
125 g geriebene Haselnüsse
4—5 EL Milch
15 g Weizenschrot
150 g Weizenmehl (Typ 1050)
1 TL Backpulver
100 g Himbeermarmelade
1 Eigelb

Aus Honig, Pflanzenmargarine und Ei eine Schaummasse rühren. Die Gewürze, das Kirschwasser, die Haselnüsse und Milch zugeben. Zum Schluß Weizenschrot, Mehl und Backpulver unterkneten.
Den Teig ca. 30 Minuten in den Kühlschrank stellen. Anschließend mit ⅓ des Teiges eine gefettete Springform auslegen und mit Himbeermarmelade bestreichen. Aus dem restlichen Teig ein Gitter auflegen und mit Eigelb bepinseln. Bei 200 Grad (Stufe 3) ca. 30—40 Minuten backen.

Gefüllte Blätterteigtaschen

16 Stück · je E 7 g, F 29 g, KH 72 g, Kal. 452, Joule 1898

1 Paket Fertigblätterteig (tiefgefroren)
1 Ei
2 kleine Dosen vegetarische Paste (à 25 g)

Blätterteig einige Stunden auftauen. Sehr dünn auswellen und Quadrate schneiden. Ei trennen. In die Mitte der Quadrate ½ TL vegetarische Paste geben, die Kanten mit Eiklar bestreichen und zusammenlegen. Die Oberfläche mit Eigelb bestreichen und bei 250 Grad (Stufe 4—5) auf befeuchtetem

Blech abbacken. (Ca. 10—15 Minuten — nach 5 Minuten Herd etwas zurückschalten.)
Das Rezept ergibt ca. 16 Blätterteigtaschen. Als Vorspeise rechnet man pro Person 2 Stück, da Blätterteig relativ fettreich ist, auch evtl. nur 1 Tasche.
Der Rest kann auch kalt verzehrt werden.

Hirse-Mandel-Torte

16 Stück · je E 6 g, F 26 g, KH 30 g, Kal. 395, Joule 1580

4—5 Eier, getrennt
200 g Birnenkonzentrat oder milder Honig
200 g Butter
250 g feingemahlene Hirse
80—100 g feingemahlener Buchweizen
1 Backpulver
250 g gehackte Mandeln (⅓ zurücklassen)
evtl. 1 Schuß Rum
3—4 EL Milch

Creme:
¼ l Sahne
3 EL Ahornsirup
die restlichen Mandeln
etwas Vanille

Aus Eigelb, Birnenkonzentrat (Honig) eine Schaummasse rühren. Weiche Butter zugeben und nach und nach Hirse-, Buchweizenmehl und Backpulver. Die Mandeln, Rum und Milch zugeben und den Teig in eine gefettete Springform füllen.
Bei 200 Grad (Stufe 3) ca. 50 Minuten backen.
Die Torte auskühlen lassen, auseinanderschneiden.
Sahne steif schlagen, ein Drittel zurückbehalten, den Rest mit Ahornsirup süßen, die gehackten Mandeln und etwas Vanille zugeben und die eine Hälfte damit bestreichen. Die andere Hälfte darübergeben und die Torte mit dem Rest der Sahne garnieren.

Pizza

4 Portionen · je E 19 g, F 16 g, KH 40 g, Kal. 390, Joule 1638

Quark-Öl-Teig oder
Hefeteig

Belag:
1 kleine Dose
Tomatenmark
Thymian
Oregano
Salz, Pfeffer
Knoblauch
10 Tomaten
1 kleine Dose Pilze
3 Zwiebeln
200 g Käse
40 % F. i. Tr.
evtl. Oliven und
Paprika

Den Teig auf einem Holzbrett auswellen und danach gleichmäßig auf ein gefettetes Backblech geben. Tomatenmark mit den Gewürzen mischen und auf dem Teig verstreichen. Dann die geschnittenen Tomaten, Pilze und Zwiebeln gleichmäßig verteilen. Gut würzen. Alles mit geriebenem Käse abdecken. Im heißen Ofen bei 220 Grad (Stufe 4) ca. 20—25 Minuten backen.

Möhrentorte

12 Stück · je E 10 g, F 16 g, KH 22 g, Kal. 263, Joule 1104

5 Eier
160—200 g Honig
je 1 Msp Nelken und Zimt
2 EL Kirschwasser
250 g Möhren
250 g Haselnüsse
80 g feiner Weizenschrot
Saft 1 Zitrone
1 TL Backpulver

Eier trennen. Eigelb und Honig zusammen mit Nelken, Zimt und Kirschwasser schaumig schlagen. Geriebene Möhren und Haselnüsse sowie das Mehl und Backpulver zugeben. Zum Schluß den steifen Eischnee locker darunterheben.

Bei 180—200 Grad (Stufe 2—3) ca. 40—50 Minuten backen, dann mit Zitronensaft beträufeln.
Nach dem Abkühlen evtl. mit Schlagsahne garnieren.

Orangenkuchen

16 Stück · je E 6 g, F 15 g, KH 32 g, Kal. 300, Joule 1200

250 g ungehärtete Pflanzenmargarine oder Butter
180 g brauner Zucker (vorher im Mixer zerkleinern)
4—5 Eier, getrennt
abgeriebene Schale von 2 ungespritzten Orangen
evtl. etwas Milch
500 g sehr fein gemahlener Weizenschrot
½ P. Backpulver
Saft von 1 Apfelsine

Fett mit Zucker schaumig schlagen, Eigelb nach und nach zugeben, ebenfalls die geriebene Orangenschale und den mit Backpulver vermischten Weizenschrot.
Zum Schluß das steifgeschlagene Eiklar locker unterziehen.
Die Masse in eine gefettete Springform füllen und im vorgeheizten Backofen bei 180—200 Grad (Stufe 2—3) ca. 50 bis 60 Minuten backen.
Wenn der Kuchen leicht abgekühlt ist, den Orangensaft darüber träufeln.
Für Diabetiker statt braunem Zucker 160 g Fruchtzucker verwenden. Pro Stück 2 BE.

(Abb. Seite 209)

Schrotmakronen mit Mandeln

Ca. 50 Stück · je E 1 g, F 2 g, KH 5 g, Kal. 44, Joule 184

125 g Weizen-Vollkornschrot
150 g Rohrzucker
etwas Vanillezucker
100 g gehackte Mandeln
etwas Zitronensaft
50 g zerlassene Margarine
2 EL Weizenkeime
2 Eiklar
ca. 50 Oblaten

Schrot ca. 3 Stunden in Milch einweichen und gut ausdrükken. Mit Zucker, Vanille, Mandeln, Zitronensaft, Margarine und Weizenkeimen mischen. Eiklar zu Schnee schlagen und vorsichtig unterheben.
Mit einem Teelöffel Häufchen auf Oblaten setzen und bei 150 Grad (Stufe 2) ca. 15—20 Minuten goldgelb backen.

Früchtebrot

18—20 Stück · je E 5 g, F 8 g, KH 23 g, Kal. 200, Joule 800

4 Eier
100 g Honig (6—7 EL)
1 P. Vanillezucker
1 TL Zimt
1 Msp Nelken
60—80 g Mandelstifte
150—200 g ganze Haselnüsse
150 g Rosinen
150 g getrocknete Feigen
100 g gewürfeltes Zitronat
180 g sehr fein gemahlener Weizenschrot oder Weizenmehl (Typ 1050)
1 gehäufter TL Backpulver

Aus Eiern, Honig, Vanillezucker und den Gewürzen eine Schaummasse rühren (ergibt eine dickliche Creme, die sich ziehen läßt). Mandelstifte, Haselnüsse, die gewaschenen Rosinen, die kleingeschnittenen Feigen und Zitronat leicht mit

Mehl bestäuben und zugeben. Zum Schluß das mit Mehl vermischte Backpulver untermischen und alles miteinander verrühren.
Die Masse in eine ausgefettete Kastenform geben und bei 175 Grad (Stufe 2) ca. 90—100 Minuten (2. Schiene von unten) backen.

Aprikosenrolle

25 Stück · je E 3 g, F 6 g, KH 25 g, Kal. 185, Joule 740

Teig:
450 g Weizenmehl
(Typ 1050)
oder sehr fein gemahlener
Weizenschrot
1 P. Instant Trockenhefe
200—250 ml Milch
50 g Honig
1 Prise Meersalz
50 g ungehärtete
Pflanzenmargarine
1 Ei

Füllung:
Ca. 5 EL Ahorncreme
oder Haselnußmus
1 Ei, getrennt
300—400 g Trocken-
aprikosen (mind.
2 Std. eingeweicht)
ca. 50 g Korinthen
100 g Mandelstifte
½ TL Nelkenpulver

Mehl oder Schrot mit der Hefe vermischen und in eine Schüssel geben. Die übrigen Zutaten einrühren und alles gut miteinander verkneten (elektr. Küchenmaschine oder von Hand). Den fertigen Teig an warmer Stelle ca. 30—40 Minuten gehen lassen. Durchkneten und zu einem großen Quadrat auswellen, nochmals ca. 15 Minuten gehen lassen.
Zwischenzeitlich die eingeweichten oder abgetropften Aprikosen kleinschneiden und mit den Korinthen, Mandelstiften und Nelken mischen. Den Teig mit der Ahorncreme und die Ränder mit Eiklar bestreichen. Darauf die Aprikosenmasse verteilen und langsam von einer Ecke zur anderen zusammenrollen. Die Rolle leicht biegen und bei 200 Grad (Stufe 3) ca. 40—50 Minuten backen.

Bananenkuchen

20 Stück · je E 2 g, F 6 g, KH 21 g, Kal. 170, Joule 680

250 g getrocknete Bananen
80—100 g ungehärtete Pflanzenmargarine
50 g Honig
2 Eier
1 P. Vanillezucker
1 Prise Muskat
1 Prise Meersalz
200 g Weizenmehl (Typ 1050) oder leicht ausgesiebter Weizenschrot
2 TL Backpulver
ca. 4 EL Milch
50 g Rosinen
50 g grob gehackte Mandeln oder Walnüsse

Die Bananen ca. 2 Stunden in Wasser einweichen. Aus Margarine und Honig eine Schaummasse rühren. Eier, Vanillezucker, Muskat, Meersalz, Weizenmehl und Backpulver — evtl. noch etwas Milch zugeben — und gut verrühren.
Die Bananen leicht abtrocknen und kleinschneiden. Zusammen mit den Rosinen und Mandeln unter den Teig heben. In eine gefettete Kastenform füllen und bei 200 Grad (später 180 Grad/Stufe 3, dann 2) ca. 40 Minuten backen. Für eine große Kastenform das 1½fache der Rezeptmenge verwenden.

Sächsisches Gewürzgebäck

Ca. 80 Stück · je E 1 g, F 3 g, KH 4 g, Kal. 42, Joule 176

125 g Butter
125 g Rohrzucker
2 Eier und etwas geriebene Muskatnuß
Zimt, Nelken und Zitronenschale
125 g Mehl (Typ 1050) oder feinausgesiebter Weizenschrot
125 g fein geriebene Mandeln
125 g Semmel- oder Biskuitbrösel
evtl. etwas Milch

Butter, Zucker und Eigelb in einer Schüssel zu einer glatten Masse rühren. Dann die Gewürze, das gesiebte Mehl und

Fruchtige Grützen ▷
(Rezept S. 186—187)

die Mandeln samt den Bröseln dazugeben. Rasch einen Teig kneten, kühl stellen und vorsichtig ½ cm stark ausrollen. Herzen ausstechen, die Oberflächen mit Eigelb bestreichen und mit je zwei abgezogenen halben Mandeln belegen. Bei guter Mittelhitze (180—200 Grad/Stufe 2—3) auf ungefettetem Blech ca. 10—15 Minuten backen.

Honigkekse

Ca. 80 Stück · je E 1 g, F 1 g, KH 7 g, Kal. 43, Joule 180

200 g Honig
1 Prise Salz
2 EL Pflanzenöl
2 EL Wasser
2 Eigelb
1 Msp gem. Nelken
1 TL Zimt
abgeriebene Zitronenschale
250 g Mehl (Typ 1050)
3 gestr. TL Backpulver
100 g gemahlene Mandeln
50 g Zitronat
100 g getrocknete Aprikosen

Guß:
125 g Puderzucker
1—2 Eiklar
evtl. bunter Streuzucker

Honig mit Salz, Öl, Wasser leicht erwärmen und wieder abkühlen lassen. Eigelb und Gewürze unterrühren und Mehl mit dem Backpulver hinzugeben. Die Masse mit Mandeln, gehacktem Zitronat und sehr fein geschnittenen Aprikosen verkneten und ca. 1—1½ Stunden im Kühlschrank ruhen lassen. Ca. ½ cm dick ausrollen und verschiedene Formen ausstechen.
Im vorgeheizten Backofen bei ca. 180 Grad (Stufe 2—3) 15—20 Minuten backen.
Die Plätzchen werden mit Guß bestrichen und mit buntem Streuzucker verziert.

Reis-Plätzchen

25—30 Plätzchen
je ca. E 2 g, F 8 g, KH 8 g, Kal. 100, Joule 400

250 g gemahlener ungeschälter Reis
100 g Honig
60 g Butter oder ungehärtete Pflanzenmargarine
120 g gemahlene Haselnüsse
1 Ei
etwas Naturvanille
1 TL Backpulver

Alle Zutaten zu einem Knetteig verarbeiten und ca. 30 Minuten kühl stellen. Den Teig nicht zu dünn auswellen und runde Plätzchen ausstechen.
Bei 180—200 Grad (Stufe 2—3) ca. 15 Minuten backen. Die Plätzchen können später mit Schokoladenglasur überzogen werden.
Auch für Zöliakie-Kinder geeignet.

Marmelade selbstgemacht

(mit Diabetiker-Angaben)

Nützliche Tips zur Marmeladenherstellung

Marmeladen können aus fast allen Früchten zubereitet werden, ob ganz, zerkleinert oder püriert.
Gelees können aus gekauften und auch aus selbstentsafteten oder gepreßten Säften hergestellt werden.
Gerätschaften müssen sorgfältigst gereinigt und abgetropft sein, danach sollte nicht mehr abgetrocknet oder hineingefaßt werden.
Schimmelbildung verhindert man, wenn das Kochgut noch heiß in Gläser gefüllt wird und diese sofort mit Schraubdeckel oder Einmachzellophan (dieses zuvor anfeuchten und straff ziehen) verschlossen werden.
Zucker spart man, kann ihn sogar durch wenig Honig oder Birnendicksaft ersetzen, wenn Marmelade mit Agar Agar oder anderen pflanzlichen Bindemitteln hergestellt wird.
Noch besser ist, wenn aus Früchten ein Püree zubereitet und dieses dann eingefroren wird.

Pflaumenmarmelade

Ca. 30 g = 1 BE

1 kg Pflaumen entsteint
ca. 200 g einfacher Honig
Saft von 2 Zitronen
etwas Zimt
2 gehäufte TL Agar Agar

Pflaumen pürieren (Pürierstab oder Mixer), unter ständigem Rühren zum Kochen bringen. Honig, Zitronensaft, Zimt und das in wenig Wasser angerührte Agar Agar zugeben. Die Marmelade nur noch kurz aufkochen lassen, sofort in vorbereitete Gläser füllen und schnell mit einem Schraubdeckel verschließen. Langsam auskühlen und einige Stunden stehen lassen.

Traubengelee

Ca. 30 g = 1 BE

¾ l frisch ausgepreßter Traubensaft (Zentrifuge)
¾ kg Gelier-Fruchtzucker
Saft von 2—3 Zitronen und evtl. von 1 Grapefruit
ca. 10—20 Traubenbeeren

Traubensaft mit Gelierfruchtzucker vermischen, aufkochen, 3 Minuten kochen lassen. Zitronen- und Grapefruitsaft und die Trauben hinzugeben, nochmals aufkochen und in vorbereitete Gläser füllen.

Möhrenmarmelade

Ca. 30 g = 1 BE

1 kg Möhren
¾ kg Gelier-Fruchtzucker
Saft von 2 Zitronen
Saft von 2 Orangen
etwas Ingwerpulver

Möhren in kleine Stücke schneiden und in sehr wenig Wasser weich kochen, durch den Mixer geben und das Püree mit Gelierzucker aufkochen. Mit Zitronensaft, Orangensaft und Ingwer abschmecken und sofort in die vorbereiteten Gläser füllen.

Rote-Bete-Marmelade

Ca. 30 g = 1 BE

1 kg rote Bete
¾ kg Gelier-Fruchtzucker
Saft von 3 Zitronen
Piment
1 TL Zimt

Rote Bete schälen, weich kochen und durch den Mixer geben. Das Püree mit Gelier-Fruchtzucker aufkochen, mit Zitronensaft, Piment und Zimt abschmecken und in die vorbereiteten Gläser füllen.

Aprikosenmarmelade

Ca. 30 g = 1 BE

Ca. 500 g Aprikosen
Saft von 2 Zitronen
ca. 400 g Gelier-Fruchtzucker
etwas frische Ingwerwurzel

Aprikosen enthäuten und kurz durch den Mixer laufen lassen. (Die Früchte sollen nicht restlos zerkleinert sein.)
Das Fruchtmus mit dem Zucker aufkochen und ca. 3 Minuten kochen lassen. Zitronensaft und Ingwer zugeben und heiß in die vorbereiteten Gläser füllen, sofort verschließen.

Brombeermarmelade

Ca. 30 g = 1 BE

1 kg Brombeeren
¾ kg Gelier-Fruchtzucker
2 EL Apfeldicksaft

Brombeeren gut verlesen, wenn möglich nicht waschen. Im Topf zerdrücken, den Gelier-Fruchtzucker zugeben und aufkochen lassen. Ca. 3 Minuten kochen lassen, den Apfeldicksaft hinzugeben und sofort in die vorbereiteten Gläser füllen.

Vorschläge für ein Vollwertbüffet

Kalte Büffets sind meistens ausschließlich aus verfeinerten Nahrungsmitteln hergestellt, oft kalorienschwer und manchmal recht unbekömmlich. Daß es auch anders geht, soll unser vegetarisches Vollwertbüffet zeigen.

Vorschläge:

— Viele, auch exotische Früchte der Jahreszeit entsprechend
— Sellerie- oder Möhrenrohkost
— Blattsalat je nach Jahreszeit
— Weizenkörnersalat
— Reissalat indisch
— Gefüllte Avocados
— Gefüllte Tomaten mit Mais
— Pikante Quarkcocktails
— Birnenhälften mit Käsecreme
— vegetarische Toastspezialitäten
— vegetarische Pflanzenpasten garniert
— Obstquarkcreme
— Nußmöhrentorte
— Vollkornwaffeln
— Käsebrett in reicher Auswahl
— selbstgebackene Brötchen oder Brot mit Zwiebeln oder Knoblauch
— Butter und Pflanzenmargarine
— Getränke je nach Geschmack

Natürlich dürfen die typischen Büffet- oder Partysalate nicht fehlen.

Da die Rezepte dieses Buches für 4 Personen berechnet und als Hauptgericht gedacht sind, müssen sie für ein Büffet oder für die Party je nach Teilnehmerzahl verdoppelt oder verdreifacht werden (Würzmengen vorsichtig dosieren). Man sollte dabei aber nicht übersehen, daß für ein Büffet eine ganze Reihe von Rezepten kombiniert wird. Die Gefahr ist groß, daß man — in bester Absicht — viel zu viele Portionen anbietet.

Geschenkideen aus der Naturküche

Um die Naturküche auch bei Freunden bekannt zu machen, sollte man bei mancherlei Gelegenheiten einige Köstlichkeiten verschenken. Auf diese Art und Weise werden auch Skeptiker völlig ohne Zwang an manche vollwertigen Gerichte herangeführt.

— Gelee und Marmeladen, in hübschen Gläsern abgefüllt und mit bunten Etiketten beklebt.
— Schrotbrot, in ein buntes Geschirrtuch eingeknotet oder in einem Römertopf (ohne Deckel) gebacken und mit diesem verschenkt.
— Weizenschrotbrötchen mit Mohn, in einem mit Stoffserviette ausgelegten Bastkörbchen.
— Käsegebäck, in einer mit Spitzen beklebten Spanschachtel.
— Früchtekuchen, in einem mit Tortenspitzen ausgekleideten Schuhkarton.
— Honigkekse, in einem lackierten Honigeimer (oder großem Familienhonigglas), mit Lackfarbe beschriftet.
— Estragonessig in schöner Zierflasche mit bunten »Gefrieretiketten« beklebt (Weinessig umgefüllt mit 2 Stengeln Estragon).
— Knoblauchöl in Zierflaschen mit »Gefrieretiketten« (½ l Olivenöl, 1. Pressung, mit 5—6 eingeschnittenen Knoblauchzehen).
— Weizenkörnersalat, in einer Steingutschüssel als Partygeschenk (sehr sättigend).
— Ein Biedermeiersträußchen aus frischen Gewürzkräutern (ein üppiger Kräuterstrauß mit einer kleinen Tortenspitze umrahmt und mit Bastfaden gebunden).
— Wenn Ihnen die »Naturküche« gefällt, schenken Sie auch Ihren Freunden ein Exemplar.

Diät-Richtlinien bei Vollwert-Ernährung

Übergewicht

Eigentlich sollte bei einer natürlichen und vollwertigen Ernährung kein Übergewicht entstehen. Vielleicht aber war die Ernährungsweise bisher falsch, und um auf Normalgewicht zu kommen, sollten einige Regeln befolgt werden.
Zunächst ist ausschlaggebend, daß für einige Zeit weniger Energie zugeführt als tatsächlich verbraucht wird. Ein Defizit von etwa 1000 Kalorien ist nötig. Würde der errechnete Gesamtbedarf um 2500 Kalorien pro Tag betragen, so würde dies eine 1500-Kalorienkost erfordern. Oder sollte er 2000 Kalorien betragen, dann wären 1000 Kalorien pro Tag angebracht. Dann wäre mit einem Gewichtsverlust von ca. 1—1,5 kg pro Woche zu rechnen.
Wichtigist, daß die Hauptnährstoffe Eiweiß, Fett und Kohlenhydrate im richtigen und günstigen Verhältnis stehen, d.h. pro Tag sollten ca. 60 g Eiweiß, ca. 50 g Fett und ca. 150 g Kohlenhydrate zugeführt werden.
Die tägliche Nahrungsmenge sollte auf 4—5 Mahlzeiten verteilt werden, um den Organismus zu entlasten und um Heißhunger zu vermeiden.
Je kleiner die Nahrungsmenge ist, desto leichter kann es zur Unterversorgung mit Vitaminen und Mineralstoffen kommen. Deshalb sollte, auch wenn alle Grundsätze der Naturküche befolgt werden, die Nahrung mit sogenannten Nahrungsergänzungsmitteln aufgewertet werden. Beispielsweise mit Hefeprodukten, Weizenkeimen, Weizenkleie, Vitamin- und Mineralstoffkonzentraten.

Die tägliche *Eiweißmenge* von 60—80 g muß garantiert sein. Dadurch wird der Fettabbau begünstigt, der Eigenverbrauch im Körper gesteigert und ein langanhaltendes Sättigungsgefühl gewährleistet.
Diese Eiweißmenge sollte ausschließlich durch magere Eiweißträger zugeführt werden. Beispielsweise mageres Soja und vegetarische Pasten, magere Milchprodukte, Quark, Käse und Sauermilch.
Fett ist der größte Kalorienlieferant, deshalb muß eine solche Kost fettarm sein. Es sollten pro Tag nicht mehr als ca. 40 bis 50 Gramm Gesamtfett zugeführt werden (Streichfett, Kochfett und in den Nahrungsmitteln verstecktes Fett). Die Speisen müssen also fettarm zubereitet werden, an Streichfett muß gespart werden und darüber hinaus sollten nur magere Produkte Verwendung finden.
Wenn die Fettmenge reduziert wird, ist es ratsam, einen Teil des Koch- und Streichfettes in Form von Pflanzenfetten und kaltgepreßten Ölen mit hohem Anteil an hochungesättigten Fettsäuren zu geben. Einmal, um genügend essentielle Linolsäuren zuzuführen, zum anderen, weil die Übergewichtigen oft unter Fettstoffwechselstörungen, z. B. einem zu hohen Cholesterinspiegel leiden.
Die *Kohlenhydratmenge* insgesamt sollte ca. 150 Gramm pro Tag nicht überschreiten. Wichtig ist es, darauf zu achten, in welcher Form die Kohlenhydrate zugeführt werden. Erlaubt sind Polysaccharide (Mehrfachzucker), zu verbieten sind die isolierten Monosaccharide (Einfachzucker).
Mit 100—150 Gramm Kohlenhydraten pro Tag wäre es möglich, ca. 2 Scheiben Vollkornbrot, ca. 1 EL Vollkornflocken, 1 kleine Kartoffel und ca. 300—500 Gramm Gemüse in die Kost einzubauen. Alle diese Grundnahrungsmittel sind Träger von Polysacchariden. 200 Gramm Obst sollten vorwiegend roh gegessen werden. Auch Honig und Fruchtkonzentrate sollten möglichst nicht verzehrt werden, da die Kohlenhydratkonzentration zu stark ist und dadurch schnell wieder neuer Hunger entsteht.
Alkohol enthält neben Fett die meisten Kalorien und deshalb sollten alkoholische Getränke ausgeschaltet werden.

Hinweise für die energiereduzierte Kost

— Brot nicht mit Fett bestreichen.
— Nur kalorienarmen Brotbelag wählen, wie zum Beispiel Tomaten, Gurken, Rettich, Zubereitungen aus Magerquark, fettarme Käsesorten, vegetarische Brotaufstriche, evtl. kalorienarme Marmelade.
— Wenn Fleisch und Fisch gegessen werden, dann nur kochen, dünsten, grillen oder in Folie zubereiten.
— Fetthaltige Käsesorten mit Magerquark verarbeiten.
— Gemüse nicht mit Mehl binden, nur dünsten.
— Rohkost und Salate mit wenig Öl, mehr mit Sauermilch, Zitronensaft und frischen Kräutern anrichten.
— Geeignete eiweißreiche Zwischenmahlzeiten wählen, wie z.B. Buttermilch, Dickmilch, Sanoghurt, Milchmixgetränke, Gemüsesaft, mageren Quark usw.
— Kochsalz etwas einsparen, lieber frische Kräuter verwenden.
— Jeden Bissen gut und lange kauen — das sättigt mehr.
— Große Portionen Salat möglichst vor dem Hauptgang essen.

Diabetes

Jeder Diabetiker ist zeitlebens auf eine gut zusammengestellte Diät angewiesen. Doch im Gegensatz zu früher bedeutet dies für ihn nicht mehr nur Verbote und Einschränkungen, sondern die heutige Diabetesernährung ist der zeitgemäßen Vollwertkost für den gesunden Menschen sehr ähnlich.
So muß auch hier die Kalorienzufuhr dem Bedarf angepaßt sein. Wenn Übergewicht vorhanden ist, sollte dies in Absprache mit dem behandelnden Arzt beseitigt werden.
Nicht nur die vorgeschriebene Kohlenhydratmenge ist einzuhalten, sondern auch Fett und Eiweiß müssen richtig verteilt werden. Richtig ist zeitgemäße Vollwertkost, wie sie das vorliegende Buch anbietet.
Kohlenhydrate aus Obst, Gemüse, Kartoffeln, Getreideflok-

ken, Reis, Grieß, Mehl, Brot, Backwaren, Teigwaren, Sojamehl, Sojaflocken, Milch, Fruchtzucker und Zuckeraustauschstoffe wie Sorbit, Mannit und Xylit sind auf die Kohlenhydrat- bzw. BE-Zahl anzurechnen.
Es sollten vorwiegend Gemüse (möglichst in roher Form), Kartoffeln, Vollkornbrot, Vollkornflocken, Naturreis und andere Vollgetreideprodukte verzehrt werden. Sehr ungünstig für den Diabetiker sind Weißbrot, Feinmehlgebäck, Teigwaren und geschälter Reis.
Zucker, Traubenzucker, Malzzucker und hiermit gesüßte Speisen und Getränke sind verboten. Ebenso Malzextrakt, Honig, Rübensirup, Trockenfrüchte, Weintrauben, überreife Früchte, normales Bier und süße Weine.
Zum Süßen von Getränken und Speisen können evtl. kleinste Mengen von Zuckeraustauschstoffen (Kaloriengehalt wie Zucker!) oder kalorienfreie Süßstoffe benutzt werden.
Als Nahrungsfette sollten hochwertige Pflanzenöle mit hohem Polyensäuregehalt und Diätmargarinesorten bevorzugt werden.
Sehr regelmäßig, und zwar 5—6mal am Tag, müssen die Mahlzeiten eingehalten werden.
Bei der Rezeptauswahl ist darauf zu achten:
Alle Speisen und Getränke nicht mit normalem Zucker, Honig, Birnendicksaft oder anderen Konzentraten, sondern mit Zuckeraustauschstoffen oder Süßstoffen süßen.
Gemüsegerichte, Aufläufe, Fleisch- oder Fischgerichte nicht mit gebundenen Soßen zubereiten und wenn doch, diese sehr genau in die erlaubte Kohlenhydratmenge einrechnen.

Fettstoffwechselstörungen (hoher Cholesterinspiegel, hoher Blutfettspiegel)

Heute weiß man, daß die Beseitigung von erhöhtem Blut-Cholesterin und erhöhtem Blutfettgehalt den Herzkranzgefäßleiden vorbeugt und das Infarktrisiko herabsetzt. Bei Übergewicht muß zunächst eine Reduktionskost vorgeschaltet werden.

Cholesteringehalt in Nahrungsmitteln
(in Milligramm je 100 Gramm)

100 g Fleisch (mager)	70—90 mg	100 g Fettkäse	75 mg
100 g Wild	100 mg	100 g Dreiviertelfettkäse	60 mg
100 g Huhn	70—80 mg	100 g Halbfettkäse	30 mg
100 g Leber	*360—420 mg*	100 g Viertelfettkäse	10 mg
100 g Hirn	*3100 mg*	100 g Sahneeis	45 mg
100 g Kaviar	*300 mg*	*100 g Butter*	*280 mg*
100 g Austern	150 mg	100 g Schweineschmalz	100 mg
100 g Krabben	150 mg	100 g Kokosfett	0 mg
100 g Fisch	30—50 mg	100 g Pflanzenöle	0 mg
100 g Vollmilch	10 mg	100 g Pflanzenmargarine	0 mg
100 g Magermilch	3 mg	100 g Eiklar	0 mg
100 g Doppelrahmkäse	105 mg	*100 g Eigelb*	*1400 mg*
100 g Vollfettkäse	90 mg	*1 Hühnerei*	*280 mg*

Die Fettmenge darf ca. 80 g pro Tag nicht überschreiten.
Die Fette sollten vorwiegend hochungesättigte Fettsäuren (Polyensäuren) und nur geringe Mengen an gesättigten Fettsäuren enthalten. Dies bedeutet eine konsequente Abkehr von Butter und problematischen Nahrungsmitteln wie billigen Margarinesorten, fettem Fleisch, Wurst, fetten Milchprodukten, Backfetten und Kokosfett. An ihrer Stelle nimmt man hochwertige Diätmargarine, Pflanzenöle mit hohem Polyensäuregehalt (naturbelassenes Sonnenblumenöl, Distelöl, Leinöl, Walnußöl), magere Sojaprodukte und magere Milchprodukte.
Die Cholesterinzufuhr sollte pro Tag nicht höher als 300 mg sein.

Bei der Rezeptauswahl ist darauf zu achten:

Butter oder Sahne immer gegen Margarine oder Pflanzenöl austauschen.
Nur Margarine und Öle mit hohem Polyensäureanteil verwenden. Kein Olivenöl und kein Kokosfett.

Erkrankungen der Verdauungsorgane

Für Magen-, Darm-, Leber-, Gallen- und Bauchspeicheldrüsenkranke gelten heute, von einigen akuten Fällen und Ausnahmen abgesehen, die Regeln einer zeitgemäßen Vollwertkost. Es muß eine leicht verdauliche Kost mit Ausschaltung der erfahrungsgemäß unverträglichen Nahrungsmittel gegeben werden. Allerdings sollte die Verbotsliste so klein wie möglich gehalten sein.
Häufig unverträgliche Nahrungsmittel sind: Hülsenfrüchte, grobe Gemüsesorten, Kohl, Zwiebel, Lauch, Knoblauch, frisches Brot, dunkles schweres Vollkornbrot, süßes Gebäck, fette Torten, fettdurchzogene oder fritierte Speisen, in heißem Fett gebackene Speisen, normaler Kaffee, alkoholische Getränke, konzentrierte Süßmoste, Zucker in konzentrierter Form, stark gezuckerte Speisen und Getränke.
Dafür sollten weitgehend bevorzugt werden: Leichte, feine Gemüsesorten und Gemüsesäfte, milde verdauungsanre-

gende Gewürze, leichtes abgelagertes Vollkornbrot (beispielsweise Grahambrot, Knäcke, usw.), ungesüßtes Vollkorngebäck, magere Milchprodukte, Kräutertee, Spezialkaffee, milde Obstsäfte, gut verdauliche Fette (naturbelassene Pflanzenöle, ungehärtete Pflanzenmargarine oder Butter).

Bei der Diätzusammenstellung und während der Mahlzeit ist zu beachten:

Alle Rezepte und die Menüs sollen einfach sein (kein Durcheinander!)

Als Garungsarten Dämpfen, Dünsten, Grillen bevorzugen. Backen sollte man in Alufolie, Römertopf oder Spezialpfannen. Braten mit Fett ist zu meiden.

Rohkost gut zerkleinern und Säfte evtl. verdünnen.

Fett möglichst nicht erhitzen und den Speisen erst zum Schluß zugeben.

Speisen und Getränke weder zu heiß noch zu kalt verzehren.

Nahrungsmenge auf 5—7 kleine Mahlzeiten verteilen.

Richtig kauen, einspeicheln und entspannt essen.

Entschlackung mit Intensivdiäten

Besondere Aufmerksamkeit soll den sogenannten Entschlakkungstagen oder Entschlackungskuren gehören.

Nach vorangegangenen Ernährungsfehlern bei bestimmten Stoffwechselstörungen (Arzt!!!), aber auch bei durchweg gesunder vollwertiger Ernährung sollte man in bestimmten Zeitabständen dem Körper kurzfristige Entlastungseffekte schaffen, den Organismus umstimmen, um vermehrt Stoffwechselprodukte auszuscheiden.

Dies kann mit meist einseitig zusammengesetzten Diäten geschehen, die über einen oder mehrere Tage eingehalten werden.

Prinzip all dieser Kostformen ist es, dem Körper wenig Energie, keinen Zucker, kaum Natrium, aber viel Kalium zuzuführen.

Ihre Wirkungen auf den Organismus sind ähnlich, deshalb sollte man nach persönlichem Geschmack entscheiden, welche der nachfolgend vorgeschlagenen Intensivkostformen zur Anwendung kommen. Sie bringen alle rasch Erfolge und die Anwendung ist einfach.

Daneben sollte beachtet werden, daß
— möglichst viel kalorienfreie Getränke zur Verfügung stehen,
— der »Entschlackungstag« oder die »Entschlackungswoche« zu einem günstigen Zeitpunkt durchgeführt wird (Wochenende — Urlaub)
— Bewegung an frischer Luft die Ausscheidung fördert,
— auch Fastentage Spaß machen können.

Säftediät

Methode: Ca. 1 Liter Frucht- oder Gemüsesäfte/Tag auf 5—7 Portionen verteilen.
Zu bevorzugen sind frisch gepreßte Säfte oder hochwertige Handelssäfte. Bei empfindlichem Magen sollte man säurereiche Fruchtsäfte mit Hafer oder Leinsamenschleim binden.
Eigenschaften: Energiearm, eiweißfrei, fettfrei, ballaststoffreich, fast natriumfrei und kaliumfrei.
Wirkungen: Gewichtsabnahme, Entlastung der Verdauungsorgane, des Stoffwechsels und Kreislaufs, verstärkte Ausscheidung von Wasser, Stoffwechselprodukten und Natrium, Regulation von erhöhtem Blutdruck, günstiger Einfluß auf entzündliche Prozesse.

Obstdiät

Methode: 1—1,5 kg Frischobst/Tag auf 5 Portionen verteilen. Früchte evtl. schälen oder zerkleinern.
Bei empfindlichem Magen und Darm bevorzugt Äpfel, Bananen oder Heidelbeeren verwenden.
Eigenschaften: Wie bei Säftediät, nur ballaststoffreicher.
Wirkungen: Siehe Säftediät. Durch Ballaststoffanteil anregende Wirkung auf die Darmträgheit.

Rohkostdiät nach Bircher-Benner

Methode: Ausschließlich Rohsäfte von Früchten und Gemüse, Salate aus Rohgemüse, evtl. kleine Mengen von Trokkenobst, Getreideschrot, Bienenhonig und Kaltpreßölen.

Eigenschaften: Energiegehalt abhängig vom Öl-, Nuß- und Getreideanteil. Ausschließlich pflanzliches Eiweiß, hochwertiges Fett, vitamin- und mineralstoffreich, ballaststoffreich, kaliumarm, natriumarm.
Wirkungen: Entlastung der Funktionen des Stoffwechsels und Kreislaufs. Förderung der Ausscheidung von Wasser, Stoffwechselprodukten und Natrium, günstiger Einfluß auf entzündliche und allergische Prozesse, Anregung der Darmtätigkeit. Regulation von erhöhtem Blutdruck, Verbesserung der Abwehrkräfte.

Reisdiät

Methode: 250—300 g Vollreis (Trockengewicht) zubereiten (ohne Fett und Salz) und auf 4—5 Portionen verteilen.
Zusätzlich Obst oder gedünstetes Gemüse, Gewürze und Gewürzkräuter, aber kein Kochsalz und keine natriumhaltigen Würzmittel.
Eigenschaften: Kohlenhydrate aus Vollkorn, eiweißarm, fettarm, kaliumreich, natriumarm. Gutes Sättigungsgefühl.
Wirkungen: Förderung der Ausscheidung von Wasser und Natrium, Entlastung des Kreislaufs, Regulation von erhöhtem Blutdruck. Für schwangere Frauen günstig.

Trinkmolke-Diät

Methode: Täglich 1—1,5 Liter ungesüßte Trinkmolke in kleinen Portionen.
Eigenschaften: Energiearm, reich an wasserlöslichen Milchvitaminen, Molkenwirkstoff Orotsäure, hochwertiges Molkeneiweiß, rechtsdrehende Milchsäure, kaliumreich, natriumarm.
Wirkungen: Entlastung der Funktionen der Verdauungsorgane, des Stoffwechsels und des Kreislaufs, Entgiftung des Darmmilieus, günstige Beeinflussung physiologischer Darmtätigkeit, Förderung der Ausscheidung von Stoffwechselprodukten, Wasser und Natrium, Entlastung der Leber, Gewichtsabnahme.

Kleine Nährwert-Tabelle

Ca-Werte für:	E	F	KH	Kal.	Joule	BE
1 Tasse Milch 3,5 % F (130 g)	4,5	4,5	6,5	85	340	½
1 Tasse Milch 1,5 % F	6	2	7	68	272	½
1 Glas Fruchtsaft (kleines)	1	—	12	60	240	1
1 Becher Magerjoghurt (150 g)	7	—	7	60	240	½
1 Becher Joghurt/Sanoghurt	7	6	7	111	444	½
2 EL Joghurt	2	2	2	15	60	—
1 EL Kondensmilch 10 % F	1	1	1	58	232	—
1 Becher Rahm 10 % F (250 g)	4	12	5	184	736	½
1 Ei, ganz	7	6	—	74	296	—
1 Eigelb	3	6	—	50	200	—
1 Frischkäse 60 % F.i.Tr. (62,5 g)	9	10	2	125	600	—
1 Schmelzkäse 10 % F.i.Tr. (62,5 g)	13	1	3	71	284	¼
1 Portion Magerquark (80 g)	14	4	2	62	248	—
2 EL geriebener Käse (20 g)	5	5	—	70	280	—
1 Portionsdöschen Margarine (25 g)	—	20	—	190	760	—
1 Portionsdöschen Margarine (10 g)	—	8	—	76	304	—
1 Scheibe dunkles Vollkornbrot (50 g)	1	—	24	125	600	2
1 Scheibe helles Vollkornbrot (35 g)	1	—	16—18	85	340	1½

Ca-Werte für:	E	F	KH	Kal.	Joule	BE
1 Scheibe Knäckebrot (8—10 g)	1	—	6	35	140	½
1 Scheibe Toast	2	—	12	70	280	1
1 Grahambrötchen (50 g)	1	1	24	125	500	2
1 Stück Kuchen (50 g)	3	12	20	200	800	verboten
1 Stück Diabetikerkuchen (ca. 50 g)	15	10	23	228	912	2
2 EL Haferflocken (35 g)	1,5	3	24	120	480	2
2 EL Hirseflocken (15 g)	1,5	—	12	50	200	1
1 TL Weizenkeime (5 g)	1	1	3	25	100	¼
1 TL Hefeflocken (3 g)	2	—	1	18	72	—
1 EL Milchpulver (15 g), mager	7	—	7	55	220	—
1 EL Sanddorn	—	—	1	5	20	—
1 TL Zucker (5 g)	—	—	5	20	80	verboten
1 EL Honig (10 g)	—	—	8	30	120	verboten
1 EL Pflanzenöl (10 g)	—	10	—	92	368	—
1 EL Mayonnaise 80 % F (15 g)	—	12	—	114	456	—
1 EL Milch (10 g)	1	—	1	8	32	½
1 EL gehackte Nüsse (15 g)	2	9	2	103	412	*
1 Portion Kartoffeln (150 g)	3	—	30	127	504	2½
1 Portion Naturreis (50 g)	3,5	1	36	185	740	3
1 Portion Hirse (50 g)	6	2	32	182	728	2½
1 Portion Nudeln (60 g)	7	2	42	234	936	3½

Ca-Werte für:	E	F	KH	Kal.	Joule	BE
1 Tasse geb. Suppe (250 g)	2	—	12	75	300	1
1 Portion Rohkost (100 g) (frische Tomate usw.)	1	—	3	20	80	¼
1 Portion Kopfsalat (150 g)	0,5	—	1	5	20	—
1 Apfel, klein (100 g)	0,5	—	12	50	200	1
1 Orange, klein (140 g)	1	—	12	52	204	1
1 Portion Gemüse (200 g)	4	—	12	62	248	2
1 Portion Fisch (150 g, mager)	28	4	—	196	784	—
1 Portion Fleisch (150 g, mager)	20	3	—	124	96	—
1 Portion Fleisch für Ragout (100 g)	16	—	—	93	372	—
1 Glas naturreiner Weißwein (¼ l)*	—	—	—	85	340	*
1 Glas Bier (0,33 l)	—	—	—	156	624	verboten
1 Glas Diabetikerbier (0,33 l)*	—	—	3	103	412	¼
1 Whisky (0,2 dl)*	—	—	—	55	220	**
1 Cognac (0,2 dl)*	—	—	—	50	200	**

* Die Kohlenhydratmengen sind so gering, daß sie nicht in die Broteinheiten miteingerechnet werden müssen.

** Die alkoholischen Getränke sind Diabetikern in kleinen Mengen (mit ärztlichem Einverständnis) erlaubt, soweit es sich nicht um gesüßte Weine, Liköre usw. handelt.

Rezepte von A bis Z

Rezepte nach Sachgruppen

GEMÜSE

GETRÄNKE

RUND UM DIE KARTOFFEL

MARMELADE SELBSTGEMACHT

GESUNDE NACHSPEISEN

HERZHAFTE SALATE

LECKERE SAUCEN

SOJA-GERICHTE

SUPPEN

VOLLKORNGETREIDE-GERICHTE

VORSPEISEN UND ZWISCHENGERICHTE

WILDKRÄUTER

HEYNE KOCHBÜCHER

*Gesunde Küche
und
Biokost im
Heyne-
Taschenbuch.*

07/4400 - DM 8,80

07/4404 - DM 6,80

07/4454 - DM 7,80

07/4443 - DM 9,80

07/4489 - DM 7,80

07/4459 - DM 7,80

07/4433 - DM 6,80

07/4295 - DM 12,80